川島睦保
MUTSUHO KAWASHIMA

一生、
月5万円以上
の配当を
手に入れる!

シニアが
無理なく儲ける
株投資の本

INVESTING FOR
"HIGH DIVIDEND YIELD"
WILL LAST A LONG TIME

日本実業出版社

はじめに

●おカネの準備は早いに越したことはない

日本でも「人生100年時代」と言われるようになって久しいが、最近ちょっとした異変が起きた。

厚生労働省が2023年7月に発表した「令和4（2022）年の簡易生命表」によると、日本人の平均寿命は男性が81・05歳、女性87・09歳となった。前年比較では、男性が0・42年、女性は0・49年の短縮だった。しかも2年連続で前年を下回っていたのである。

年齢別の平均余命をみても、男女ともに全年齢で2年続けて前年を下回った。たとえば60歳の男性の平均余命は23・59年で、前年の24・02年から0・43年縮んだ。同じ60歳の女性の平均余命は28・84年で、これも前年の29・28年から0・45年縮んだ。

「世界に冠たる日本の平均余命にもカゲリが出てきた。これで『長生きのリスク』も少しは軽減されるのではないか」と〝安堵〟した人もいるかと思うが、どうやらぬか喜びに終わりそうだ。

日本人の平均寿命が2年連続で低下したのは２００９〜２０１１年以来のことであり、今回の最大の原因は男女ともに１００年に1度のパンデミック（世界的大流行）といわれた新型コロナウイルス感染症（ＣＯＶＩＤ−19）で死亡者が増えたためだ、という。

しかし新型コロナウイルス禍がピークアウトした現在では、平均寿命、平均余命とも「人生１００年時代」の軌道に復帰する可能性が高い。

長期的には、医療技術やＡＩ（人工知能）の発展によって日本でも長寿化の流れが再び加速するかもしれない。

「人生１００年時代の人生戦略」で世界的なベストセラーとなった『LIFE SHIFT（ライフシフト）』（リンダ・グラットン、アンドリュー・スコット著、池村千秋訳、東洋経済新報社刊）によると、現在の70歳代、80歳代と、これからの70歳代、80歳代では精神、体力の両面で大きな変化が見られる、という。

新70歳代、新80歳代は若い頃と同様の健康を維持しながら長い時間働くことができ、転職においても新しい仕事のための準備期間を十分とることができる。自分らしい生き方を実践できるチャンスが広がる。人生の選択肢が増え、失敗してもいくらでもやり直しがきく時代になる。高齢者でも健康が維持できて、好きなときに働くことができるようになれば、自分の時間を趣味や社会貢献などにもっと多く投じることができる、という。

私たちは、ずっと若々しい高齢者になれる。

たしかに私たちの子供や孫の時代にはそうしたバラ色の未来が到来するかもしれないが、65歳定年退職が視野に入ってきた現在のシニア世代はそんな夢物語に浸っていられない。もっと現実を直視する必要がある。

「このままで老後資金の手当ては大丈夫だろうか」

「最悪、90歳まで働かなければならなくなるのではないか」

「高齢者になっても若いときと同じように気持ち良く元気で働けるだろうか」

定年退職を控えた中高年世代の多くは、こうした不安で気持ちが押しつぶされそうになる。

●平均貯蓄額は60～69歳で2460万円、70歳以上で2452万円

ネットでは「老後に対する不安」に関するランキングが掲載されている。

1位が生活費、2位が病気・ケガなどの健康、3位以降は自分の介護、認知症、住まい問題と続く。

「何歳まで働きたいか」という質問には「働ける限りずっと」という回答が最も多い。その理由の第1位は「年金だけでは生活が苦しいため」だ。

その一方で、大手外資系生命保険会社が2023年に調査した結果では、2023年に60歳を迎える人で5000万円以上の貯金をしている人が17・3％にも達している。結構、大きな比率だ。

仮にこの5000万円をすべて本書で推奨する「高配当利回り銘柄への投資」に振り向け、年間4％で回すことができれば、年間の配当金の総額は実に200万円（税引き前）にも達する。これを公的年金と合算すれば、平均的な夫婦で月当たりの収入は38万円（老齢年金22万円＋配当金16万円）になる。ゆとりある老後を送るために必要とされている生活費は36万円だそうだが、その水準をクリアできる。退職後は、生活費のためにわざわざ働く必要がない。

「人生100年時代」の夢物語をそのまま実現できそうな人が、日本にはすでに5人に1人の割合で存在しているのだ。

総務省統計局「家計調査報告（貯蓄・負債編）－2022年（令和4年）詳細結果－（二人以上の世帯）」によると70歳代以上の全1887万4554世帯の平均貯蓄額は2411万円

となっている。また貯蓄額が１００万円に満たない世帯が全体の約８％（14万８８９６世帯）に対して、４０００万円超の世帯は約18％（33万４７５４世帯）と意外に多い。

数年前に「老後資金として２０００万円が必要」が大きな国民的話題になったが、実は貯蓄額が２０００万円超の70歳代世帯は全体の41・８％に達している。「老後資金２０００万円」は、現在50、60歳代の老後〝準備〟世代にとっても決して手が届かない話ではない。

この70歳代の平均貯蓄額２４００万円強をゼロ金利の預貯金ではなく、すべて「高配当利回り銘柄への投資」によって年間４％で回すことができれば、月当たりの配当金は８万円となる。公的年金と合算すれば、月当たり30万円の収入となる。この30万円という金額は老後世帯の平均的な生活費と等しい。

安全な資産運用のノウハウさえ磨くことができれば、日本人のかなりの人々が老後の生活費の穴（不足）を埋めるために働く必要はないのである。

以上をまとめると、老後の生活資金への不安を少しでも軽減し、老後という「人生の収穫期」をエンジョイするためには、

①定年退職までに２４００万円以上の老後資金を貯めること

②その貯蓄を４％以上の利回りで回せる運用ノウハウを準備すること

が不可欠となる。この運用収益と公的年金を合わせれば、フルタイムで働く人の平均月収31万円弱（２０２３年賃金基本統計調査速報）を確保できるからだ。

そのためには、できるだけ早い時期から準備に取り掛かる必要がある。

本書は、そのお手伝いをしたいと考えている。

たとえば40歳代、50歳代から毎月少額のおカネでもいいから資産運用に振り向けておけば、十数年後には大きな金額に達している。その間に資産運用のノウハウも自然と身につくはずだ。

●高配当利回り銘柄投資で成功するための「十か条」

最後に、本書で推奨する「高配当利回り銘柄投資」の「十か条」をまとめておこう。

この「高配当利回り銘柄投資」は、老後資金の原資を貯める場合も、老後になってからその原資を運用して生活資金の不足を補う場合にも大いに役立つはずだ。

第一条　投資の目的は「配当」である。「値上がり益」ではない。

第二条　配当は長期投資の支えである。
第三条　値上がり益を求めるのはギャンブルだ。
第四条　値上がり益が生じたらすぐに忘れる。
第五条　値下がり損が生じてもすぐに忘れる。
第六条　銘柄の選択基準は予想配当利回りと業界序列だけで良い。
第七条　「予想配当利回り3～4％の業界序列トップ企業」を買う。
第八条　予想配当利回りが2％まで落ちたら他へ乗り換える。
第九条　新NISAを活用して税金を節約する。
第十条　投資資金は退職10年以上前から毎月少額でも良いから積み立てる。

個人投資家の投資スタイルはシンプルでいい。証券会社のディーラーや機関投資家のファンドマネジャーのようなプロの投資家の真似をする必要はない。個人投資家の唯一の強みは「時間」だ。この時間を味方につけるための方策が、この「十か条」である。

個人投資家にとって、株式は長期投資でないと儲からない。長期投資だと確実に儲かる。それは過去の日経平均株価の動きが証明している。短期の投資で儲かったとしても、それはまぐれだ。長くは続かない。

投資を長く続けるための仕掛けが「配当」に注目する手法だ。

預貯金や国債、外債など他の金融商品と比べて高利回りの配当金を毎年コンスタントに獲得できていれば、株式投資は続けることができる。値上がり益が発生したら「良かった」と思って忘れる。値下がり損が発生したら「いつかまた上がるさ」と思って忘れる。こうして時間の経過のなかで株券を〝熟成〟させていけば、10年後にはまとまった値上がり益のボーナスが飛び込んでくるという具合だ。

しかし、長期に保有しているあいだに、企業が配当金額を減らし無配に転じるリスクがある。経営戦略の失敗から大きく企業価値を減らす可能性がある。株式投資の宿命だ。そういうリスクをできるだけ減らすための方策が「業界トップ」という投資尺度だ。

プロの投資家は、個別企業の成長の可能性やリスクについて膨大なヒト、モノ、カネ、時間を投じて調査・研究を行なっているが、個人投資家はそれができない。

とはいえ、ガッカリする必要はない。個人投資家でも簡単に個別企業の成長の可能性やリスクを知る手立てがある。それは業界の序列だ。現在の序列は、過去の個別企業の成長の可能性やリスクの結果である。過去は未来を知る有力な情報だ。業界トップなら、ベンチャー企業や新興企業のような急成長はありえないが、減配や無配、倒産のリスクは相対的にかなり低い。

そんなことは小中学生でもわかる、大人として何の芸もないではないか、とお叱りを受けるかもしれない。しかし、私たちは芸をみせるために投資を行なうのではない。老後資金をいかにねん出するかで悪戦苦闘しているのである。芸でおカネを稼げるのなら、個人投資家を卒業して、プロのファンドマネジャーに華麗な転身をとげるべきだ。

私は学校を卒業してから40年近く経済系の出版社である東洋経済新報社で雑誌や書籍の執筆や編集に携わってきた。会社の規則で、取材記者や編集者が株式投資をするのはいっさい禁止である。読者のために重要な経済情報を取り扱う立場にある記者が、それを悪用して自らの蓄財に励んでいてはインサイダー取引の疑いを招きかねない。社員がインサイダー取引で逮捕されれば会社の対外的な信用も大きく傷つく。

私が初めて株式を買ったのは、会社を定年退職してからである。

2024年3月

川島睦保

CONTENTS

第2章

低成長・低金利経済下の資産運用は株式投資が有利

第3章

そもそも株式投資の基本スタンスとは？

第4章 「高配当利回り銘柄への投資」の基礎知識

INVESTING FOR
“HIGH DIVIDEND YIELD”
WILL LAST A LONG TIME

第5章 「高配当利回り銘柄への投資」の実践法

第6章

投資雑誌や証券会社との賢い付き合い方

装丁・DTP／村上顕一

※本書の内容は一つの意見です。
実際の投資判断はご自身でなさってください。

CONTENTS

第 1 章

「老後資金に2000万円必要」はナンセンス

INVESTING FOR
"HIGH DIVIDEND YIELD"
WILL LAST A LONG TIME

◎金融庁の報告書はとても参考になる

「老後資金として2000万円が必要」という話題が世の中を席巻してから、すでに4年以上が経過した。

その震源地が金融庁の「金融審議会　市場ワーキング・グループ報告書『高齢社会における資産形成・管理』令和元（2019）年6月3日」だったことは、知る人ぞ知るところだ。

この報告書は、当時の麻生太郎財務・金融担当大臣から、政府の方針と異なるとして受け取りを拒否されたものだが、私は内容的にとても優れていると思っている。とても読みやすく、データも豊富だ。私自身も資産運用への心構えや実際の株式投資を考えるうえで大いに参考になった。

この報告書は、現在は金融庁のホームページでダウンロードすることができる（https://www.fsa.go.jp/singi/singi_kinyu/tosin/20190603/01.pdf）。まだ目を通していない読者、とくに定年退職を5〜10年後に控えた世代には必読だ。

報告書の重要なメッセージは、「老後資金として２０００万円必要」という矮小化されたものではなく、現役時代から長寿化に対応して「月々少額でもいいから長期・積み立て・分散投資で資産形成を始めよう」というものだ。従来の「貯蓄から投資へ」といった金融業者目線のスローガンではなく、人生１００年時代に備えてできるだけ早く「自分らしいマネープランを準備し実践しよう」という個人の目線であり、とても説得力がある。

すでにシニア世代に入った筆者からすれば、もっと早くこの報告書にめぐり合っていたら良かったなと残念でならない。

高齢夫婦無職世帯の毎月赤字額は5万円

「人生１００年時代」を控え、私たちはどのような資金準備をすればよいのだろうか。

まずは現状把握から取り掛かろう。先に紹介した金融庁の報告書が参考になる。少しデータが古くなってしまったが、内容はいまでもフレッシュで示唆に富む。

関連箇所をいくつか拾い読みしてみよう。

現在（2017年時点）の平均寿命は、男性が81歳、女性が87歳である。1950年頃の男性の平均寿命が60歳であったことからすれば、この70年間に20歳も寿命が延びた。医療技術の発達で今後もさらなる長寿化が見込まれている。現時点で60歳の人の25％が95歳まで、9％が100歳まで生きるという試算もある。

「人生100年時代」がまさに現実になりつつある。

こうした長寿化のなかで、収入や支出はこれからどのように変化していくのだろうか。日本の賃金はバブル崩壊以降、景気停滞が続くなかで長く伸び悩んできた。年齢層別にみても、時系列でみても高齢の世帯を含む各世代の収入は全体的に低下傾向となっている。

これからとくに深刻なのが、高齢世帯だ。高齢世帯の主要な収入源は公的年金であり、その水準が今後相対的に引き下げられていくからだ（**図表1－1**）。

この図表には、出生年度別にみた65歳到達時点での所得代替率が示されている。

所得代替率とは、公的年金の給付水準を示す指標のことだ。現役世代の収入（ボーナスを含む）に対する高齢世帯（夫は40年間就労、妻は専業主婦のモデルケース）の年金支給額の割合だ。

図表からわかるように、この所得代替率が今後低下していく。１９５４年生まれの人が65歳に到達したときの所得代替率は約60％だったが、１９７９年生まれの人は50％にまで低下してしまう。現役世代と高齢世代の収入格差が次第に拡大していくのだ。

今後の少子高齢化の進展やそれに伴う税金・社会保険料の負担の増加を考えると、公的年金の給付水準はさらに低下し、現役世代と高齢世代の格差は、この図表で示されている以上に拡大していくと予想される。

シニア世代は何らかの防衛策が必要になる。

一方、支出は収入と連動しており、過

図表1-1 ◎ 出生年度別の65歳時点の所得代替率

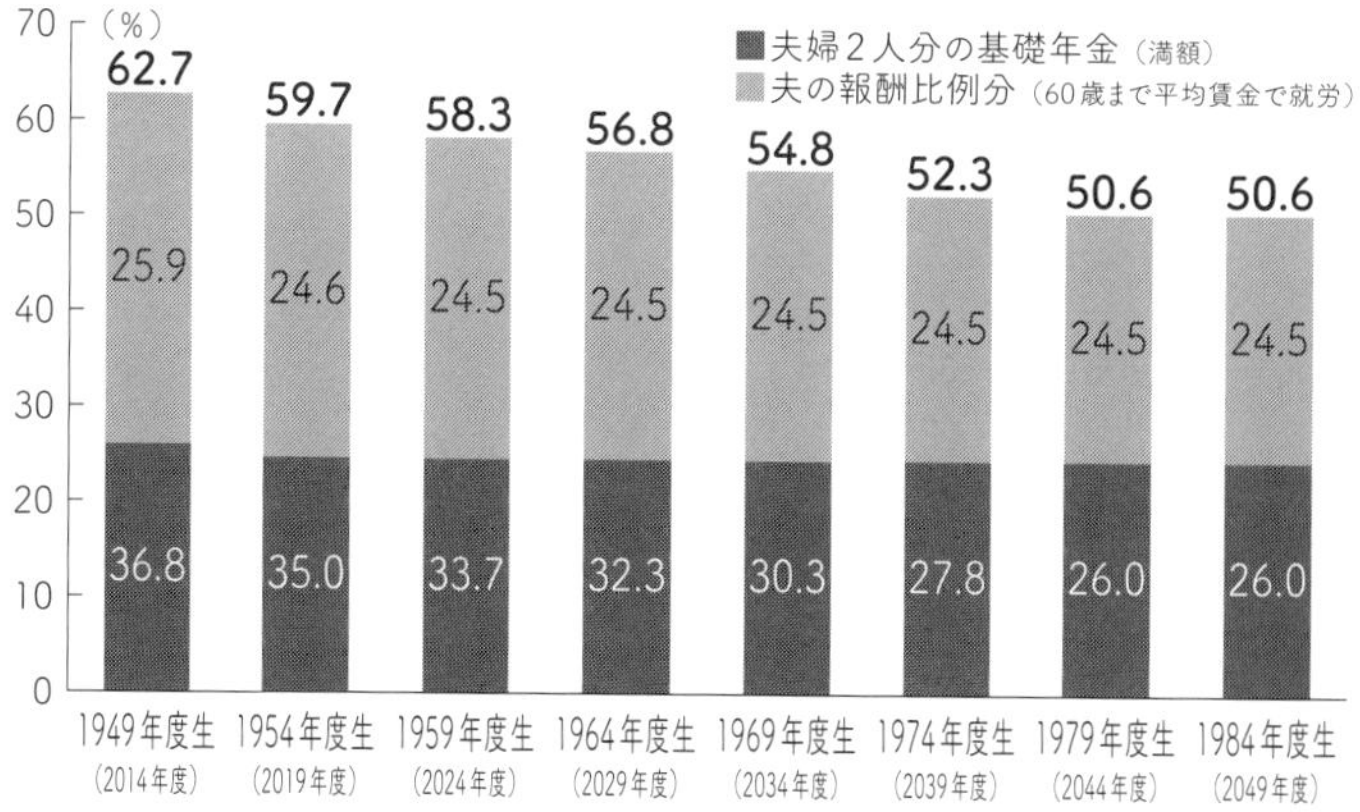

出所：第21回市場ワーキング・グループ、厚生労働省提出資料

去との比較では大きく伸びていない。

年齢層別に見ると、30歳代半ばから50歳代前半の低下が顕著だが、65歳以上ではほぼ横ばいの傾向がみられる。

60歳以上の世帯の支出を詳しく見ると、現役世代に比べて2〜3割程度少ない状態が一貫して続いている（**図表1－2**）。子供の教育費の減少や所得の大幅な減少（給与から公的年金へのシフト）などを反映しているためだが、それでも毎月の収支の赤字額は約5万円となっている（**図表1－3**）。

この毎月の赤字額は、保有する金融資産の取り崩しか、それが嫌な場合は再就職して働きに出るしかない。

図表1－2 ◎ 高齢層の支出額の推移

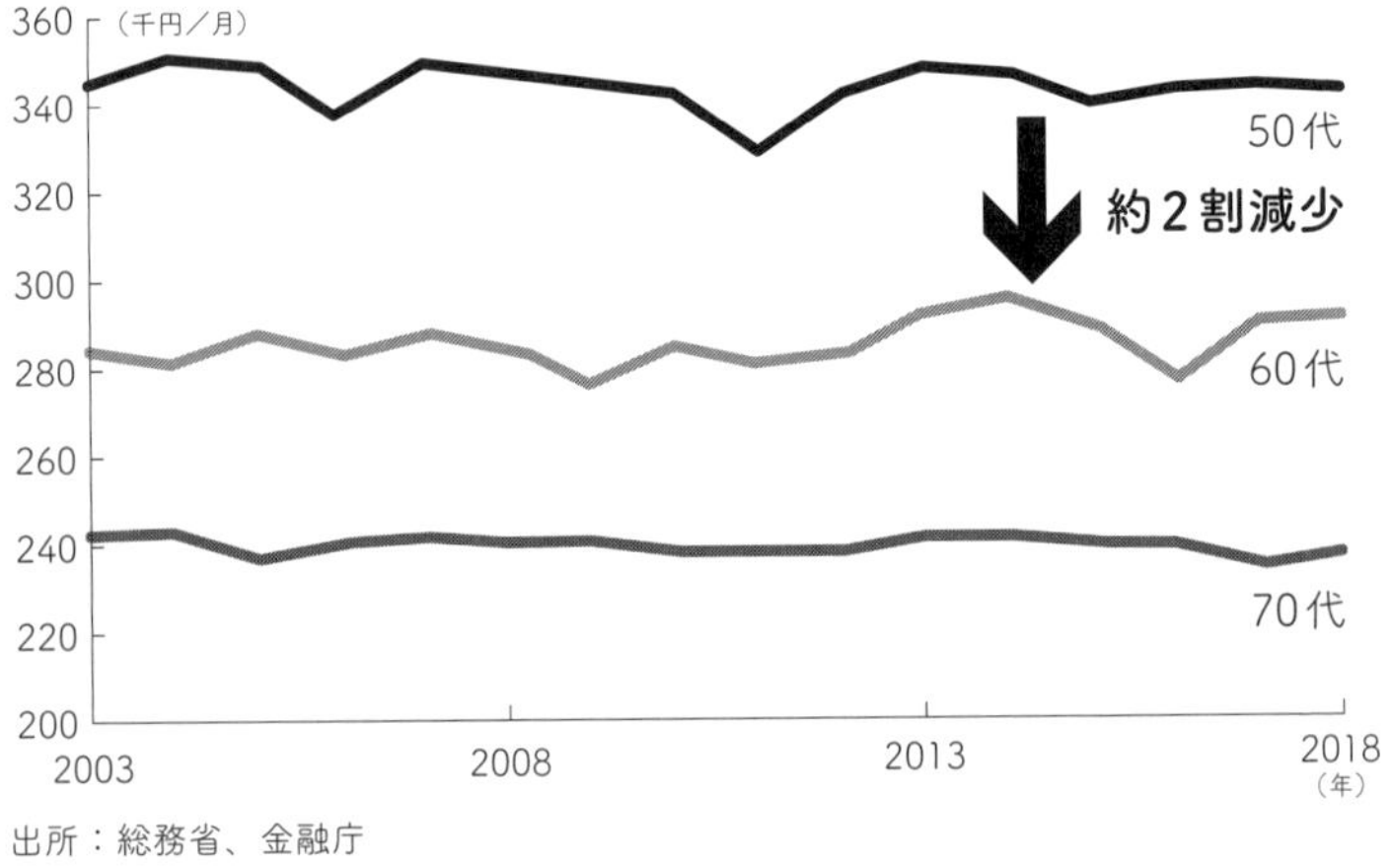

出所：総務省、金融庁

図表1-3 ◎ 高齢夫婦無職世帯（夫65歳以上、妻60歳以上の夫婦のみの無職世帯）の収入・支出

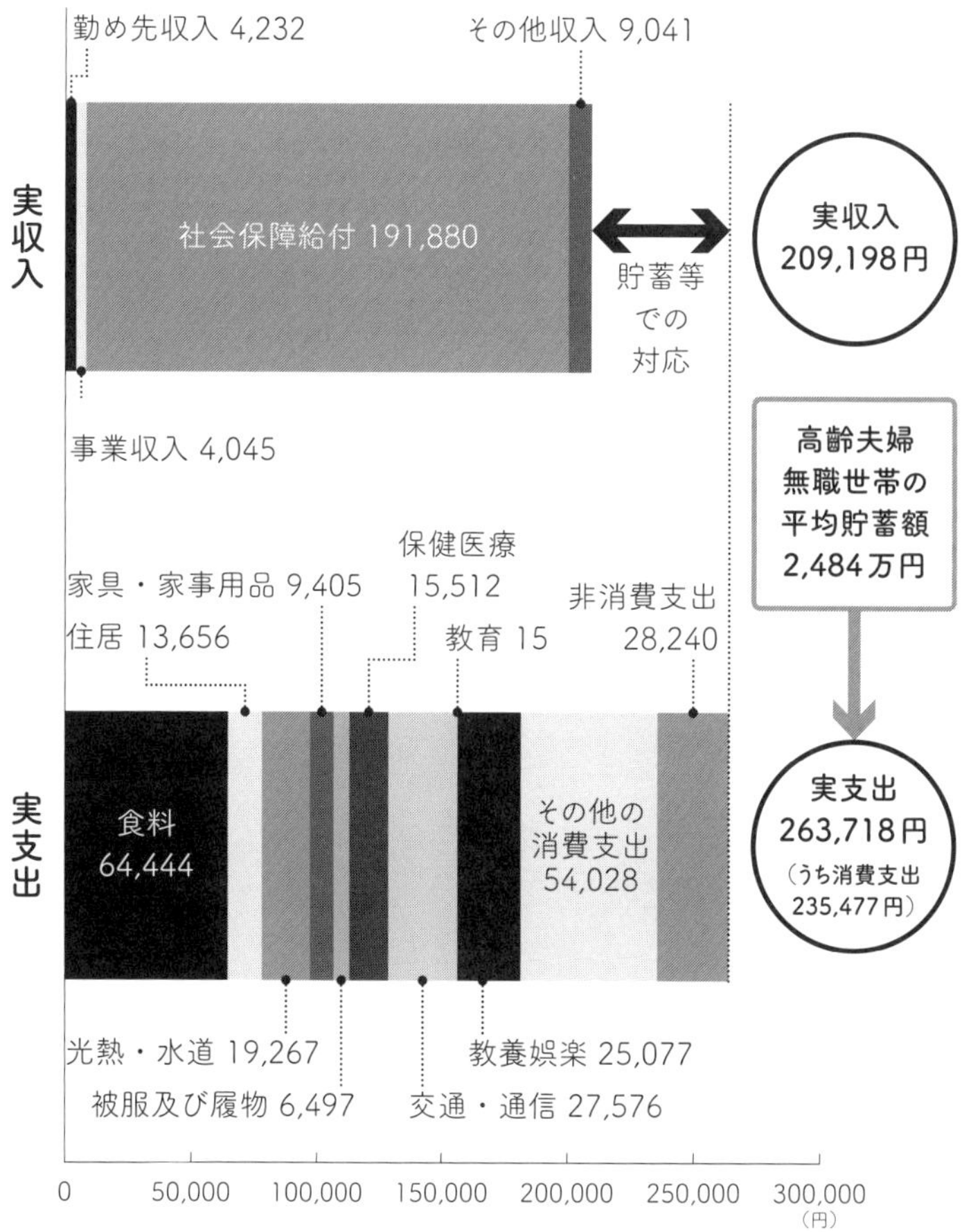

出所：総務省

○「にわか投資」では遅すぎる

引き続き報告書を読み進んでみよう。

定年退職者の退職金の金額を見ると、平均で1700万〜2000万円となっている。ピーク時からすると3〜4割も減少している（**図表1−4**）。今後見込まれる雇用の流動化を考えると、退職金制度の採用企業数や退職給付額の減少傾向がさらに続く可能性がある。老後生活の準備にとりかかる50歳代の世代は、勤め先の退職金制度の有無、自分自身の退職金の見込み額などを、できるだけ早い段階から確認しておく必要がある、と報告書は強く推奨している。

退職金の給付額を知った時期について「退職金を受け取るまで知らなかった」が約3割、「定年退職の半年以内」が約2割と回答している。また退職金を受け取った人の4人に1人しか退職金を何らかの投資に振り向けておらず、その半数は退職金の1〜3割しか投資に回していない。残りは〝金利ゼロ〟の銀行や郵便局の預貯金口座に眠らせている、という。

ここまで報告書を読んだ印象を言えば、これまでの日本人は老後の生活設計や準備にあまりに無頓着すぎる（私自身もそうだった）。退職金を実際に手にしてからの「にわか準備（投資）」では逸失利益が大きすぎる。「時間」を味方につける長期投資は、スタートの時期が早ければ早いほど高いパフォーマンスを得られるが、私たちは日々の仕事や家庭の忙しさにかまけて先送りしてしまう。

日本経済がかつての高度成長を謳歌していた世代ならそうした生き方もあったかもしれないが、低成長で、かつ人生100年といわれる時代にはきわめてハイリスクな生き方といえるだろう。

図表1-4 ◎ 平均退職給付額の推移

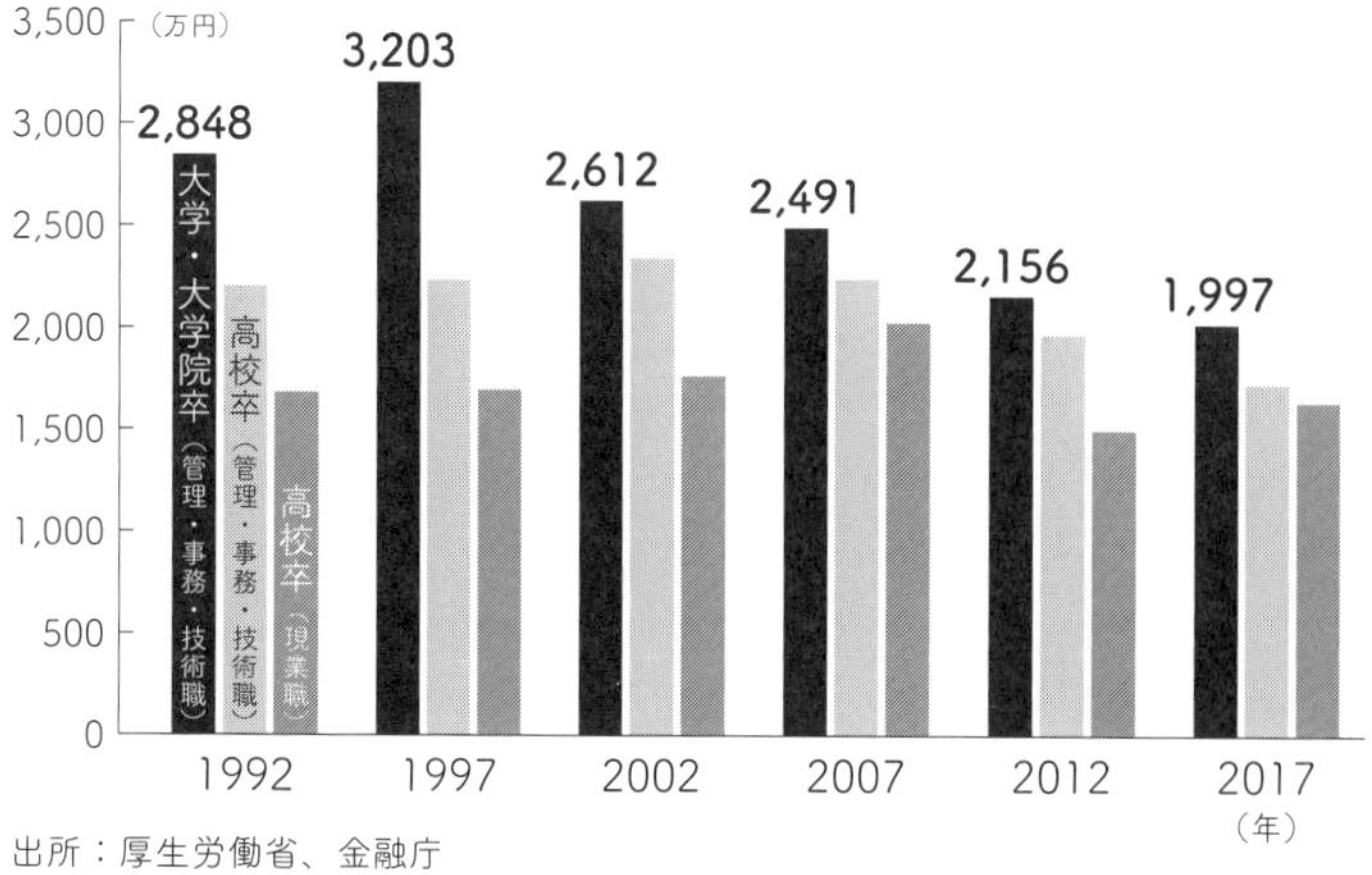

出所：厚生労働省、金融庁

90歳代まで生きるとすれば2000万円以上は必要になる

さらに報告書を拾い読みしていく。

65歳時点における金融資産の平均保有状況は、夫婦世帯で2252万円、単身男性1552万円、単身女性1506万円となっている。なお住宅ローン等の負債を抱えているケースもあり、資産から負債を差し引いたネットの金融資産は数字よりも下がる可能性がある（**図表1－5**）。

前述のように毎月の生活費の赤字（収入と支出の差額）として約5万円が発生する場合、65歳定年退職後に20年間生きた場合で約1300万円、30年間生きた場合は約2000万円の貯蓄の取り崩しが必要になる。この「30年間で約2000万円の取り崩しが必要」が「老後資金に2000万円必要」へと拡大解釈され、当時の麻生大臣をはじめ大いなる物議をかもしたのである。

しかもこの支出のなかには老人ホームなどの介護費用や住宅リフォーム費用などが含

まれていない。老後の生活に必要な実際の資金はさらに膨らむ可能性がある。

報告書によると、米国では75歳以上の高齢世帯の金融資産は、直近の20年間で3倍に伸びている。一方、日本の同年代の高齢世帯の金融資産はほぼ横ばいで推移したにすぎない（**図表1－6**）。米国の高齢者には資産形成の意欲があり、それを実現する金融環境が整っており、彼らは退職後の生活をエンジョイできるのだ。

米国ではその期間、株式相場が上昇基調で推移していたことや、確定拠出年金制度である401(k)プランなどの制度的な後押しで、現役時代から資産形成に着手し継続することができた。その結

図表1-5 ◎ 世帯主が65歳～69歳の金融資産額

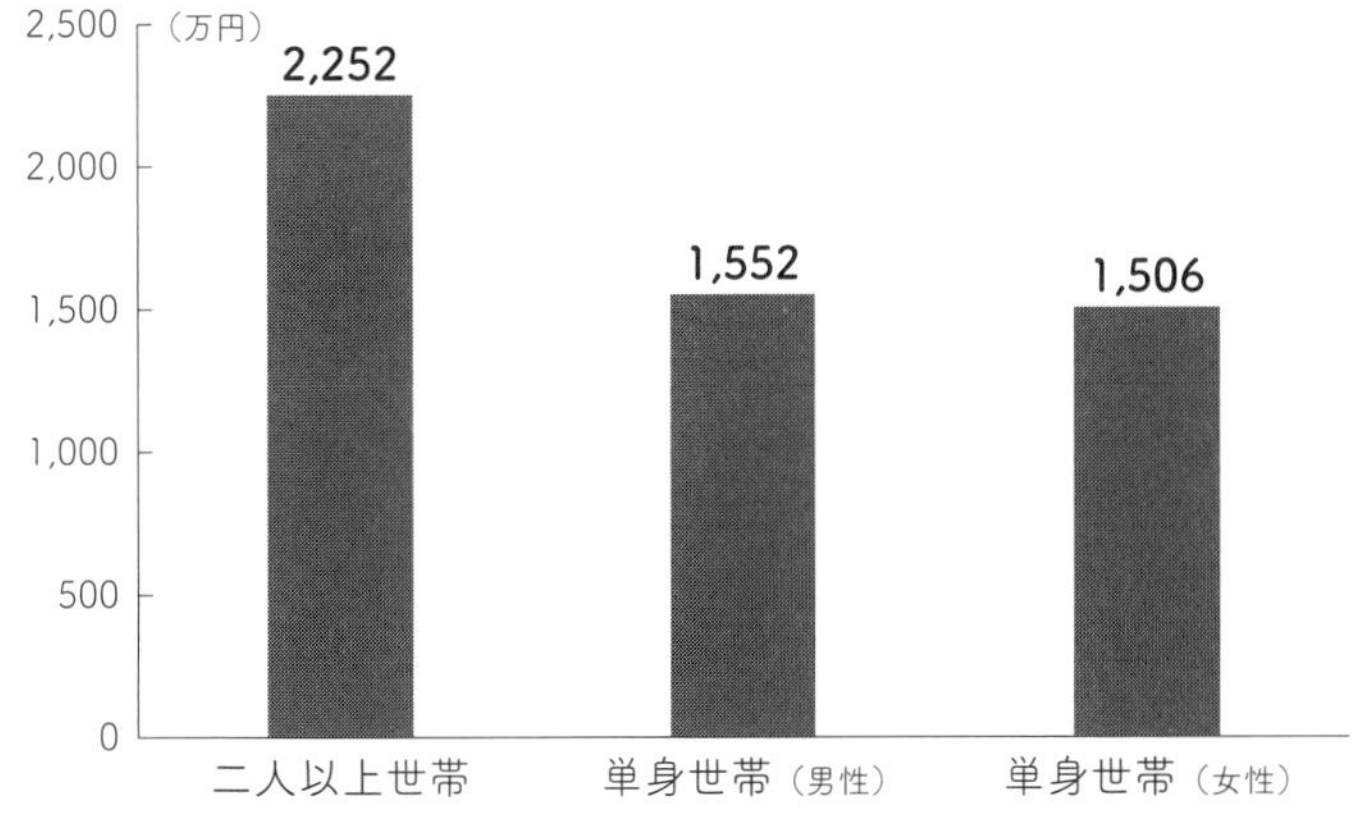

出所：総務省、金融庁

図表1-6 ◎ 日米の年齢階級別金融資産額の推移（一世帯あたり平均）

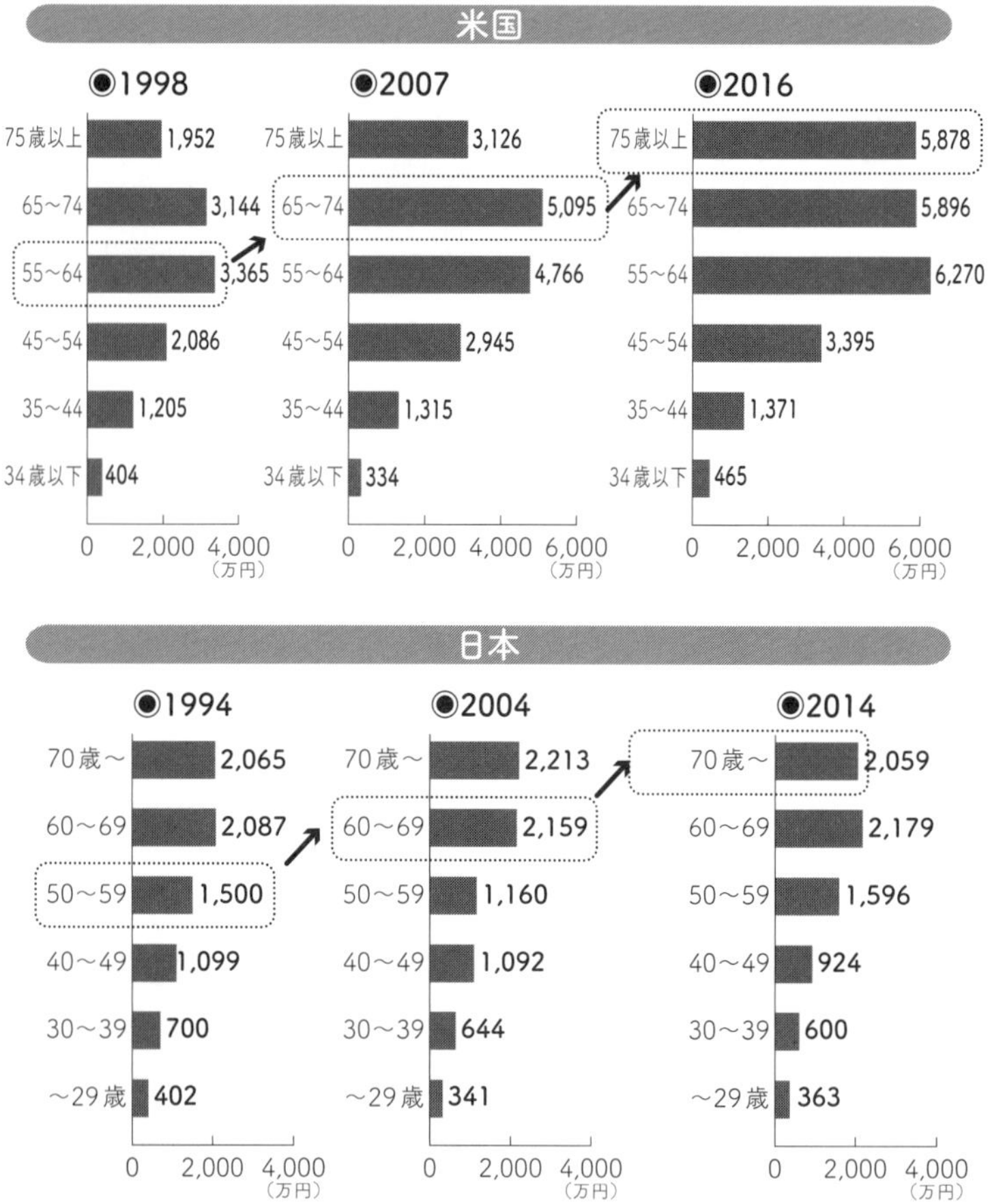

注：　米国の金融資産額は各年の円ドル相場の平均を用いて円換算

出所：FRB「Survey of Consumer Finances」、日本銀行「外国為替市況」、総務省「全国消費実態調査」より金融庁作成

果、退職年齢に達したときには資産を大幅に増やすことができた。

日本でも個人投資家向けの少額投資非課税制度（ＮＩＳＡ）や個人型確定拠出年金（ｉＤｅＣｏ）などによって、米国のような資産形成の制度が整ってきているが、私の印象ではようやくスタートラインについたにすぎない。

しかし、肝心の日本の株式相場は米国株式に比べ、依然、冴えない動きが続いている。日本の株式相場が活気を取り戻すには日本の経済や企業が元気を取り戻すことが大前提だ。**私たちシニア世代は、公的年金額の増減や医療費の自己負担比率にはとても敏感だが、それと同じくらいの興味や関心を日本経済や企業の株価の動向にも向けるべき**である。もし株価が低迷していたら、米国のシニアのように自分の老後が危ういと思って、時の政府にお灸を据えるくらいの迫力があってしかるべきだ。

そうやってこそ、初めて日本の高齢世帯の金融資産も、米国と同じように20年間で２～３倍というピッチで増やしていくことができる。

◯何をどう買って良いかわからない

日本でも資産形成の環境が徐々に整ってきたが、肝心の私たちの資産形成に対する意識や心構えはどのように変化しているのだろうか。これについても報告書を拾い読みしてみよう。

報告書で紹介されているアンケート調査によると、世代を問わず老後の備えとして自ら想定する金額と現在の金融資産額（平均）とのあいだには大きな差額が生じている（**図表1－7**）。こうしたギャップが老後への漠然とした不安となっていることは言うまでもない。

では老後資金の不足に対して、私たちはどのように対処しようとしているのだろうか。資産寿命（＝これまでに蓄積した資産が尽きるまでの期間）を延ばすために必要なことを聞いた調査によれば、「現役で働く期間を延ばす」、「生活費の節約」を挙げる回答が多かったが、このほかに約3割の人が「若いうちから少しずつ資産形成に取り組む」を挙げてい

図表1-7 ◎ 世代別の老後への備え

	現在の金融資産額（平均額）	老後の備えとして十分な金融資産と自ら想定している金額	差額
20代	244万円	2,333万円	-2,089万円
30代	494万円	2,906万円	-2,412万円
40代	780万円	3,093万円	-2,313万円
50代	1,132万円	3,424万円	-2,293万円
60～70代	1,830万円	3,553万円	-1,724万円

出所：メットライフ生命、金融庁

図表1-8 ◎ 資産寿命を延ばすために必要だと思うこと（複数回答）

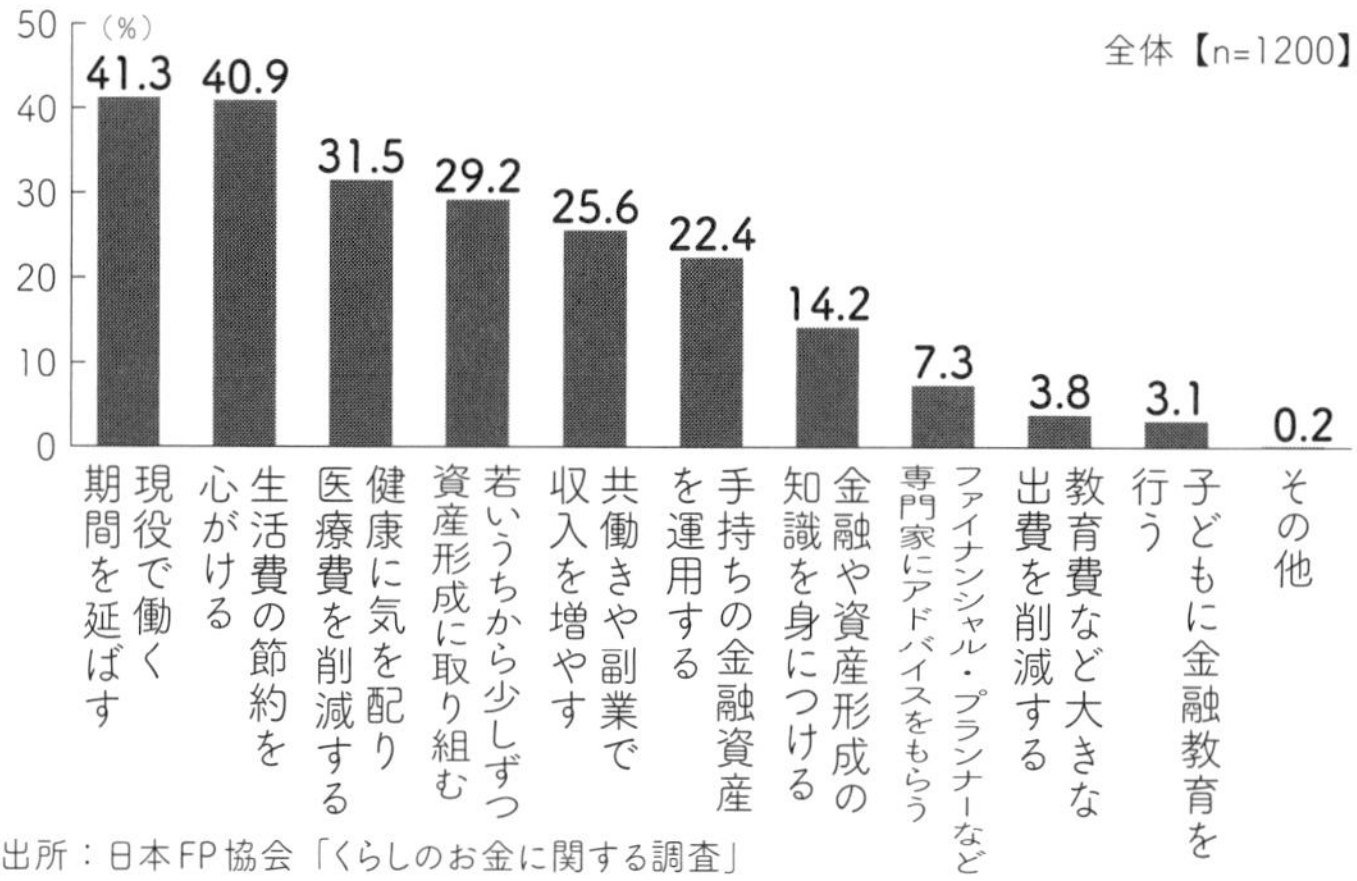

出所：日本FP協会「くらしのお金に関する調査」

図表1-9 ◎ 老後に向け準備したい（した）公的年金以外の資産

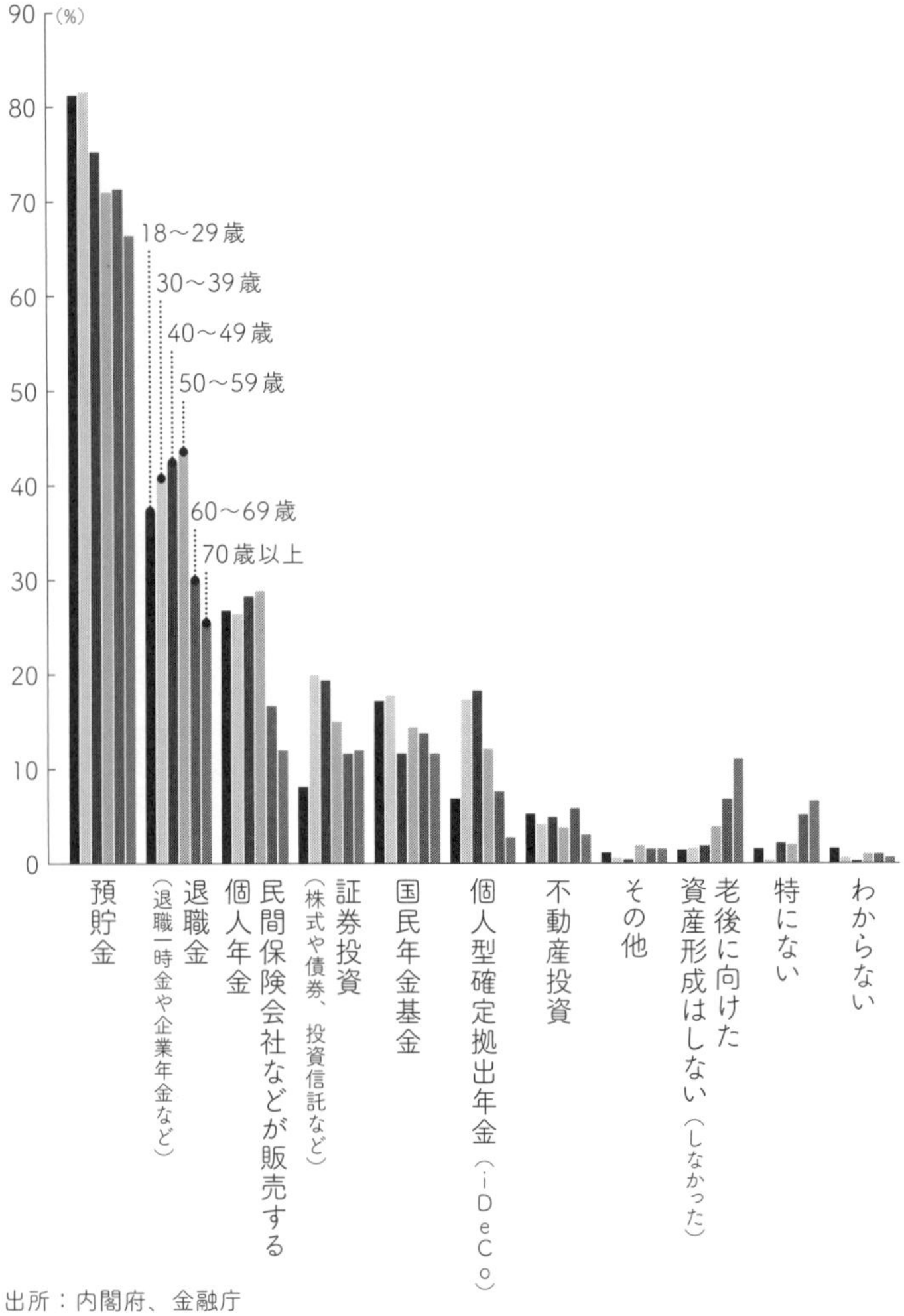

出所：内閣府、金融庁

る（**図表1－8**）。

ただ、老後に向け準備したい（した）資産（公的年金以外に）として、「証券投資（株式や債券、投資信託）」を挙げた人は２割以下にとどまっている（**図表1－9**）。

投資による資産形成の必要性を感じつつも、投資を行なわない理由で上位を占めていたのは、「まとまった資金がない」、「投資に関する知識がない」、「どのように有価証券を購入したら良いかわからない」という回答だった（**図表1－10**）。

長寿化によって、私たちは公的年金以外の方法で老後の生活資金の不足を補わなければならない。現役時代に貯めた資金や退職金を元手に資産形成をしなければならないことは十分承知しているが、

図表1−10 ◎ 有価証券投資は必要だが、保有経験がない理由
（有価証券投資未経験者ベース）

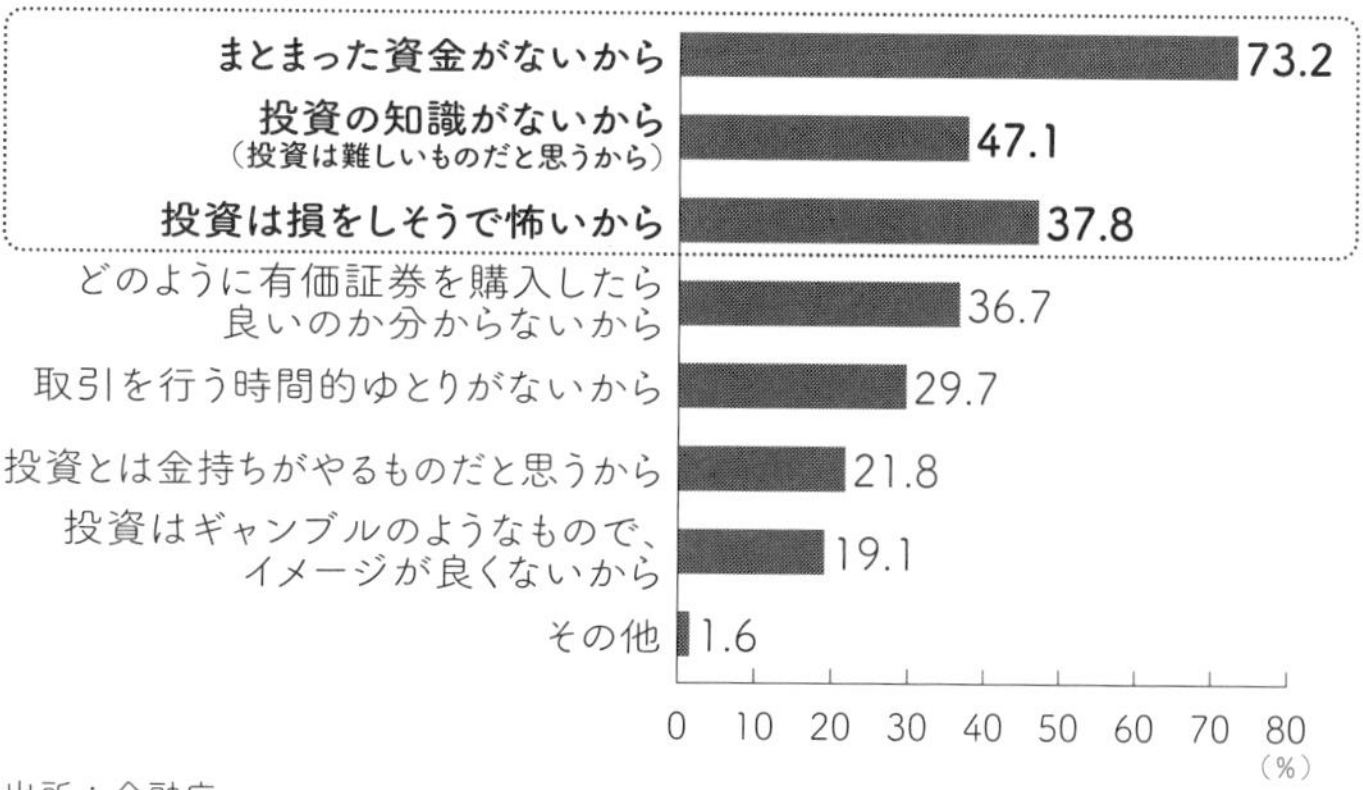

出所：金融庁

いかんせん投資に関する知識が乏しいために、どのような有価証券を購入し、どのように運用したら良いかわからないので手が出せない、という現状が報告されている。

本書ではそうした資産運用の初心者に対して、業界トップ企業の「高配当利回り」株を中心とする長期投資で比較的安全な個人年金をつくる方法を提案したいと思っている。

○まずは月々の赤字額を知ること

「老後資金として2000万円必要か」という問題設定ほど、世の中を惑わすものはない、とつくづく思う。定年退職後に必要な資金は、個人や世代によってまちまちだ。そこから、私たち個人の具体的な老後対策が出てくるわけがない。

老後に必要な資金（不足額）を知りたければ、23ページの図表1－3や**図表1－11**にあるように、今後の自分の収入（年金など）がいくらになるのか、支出（食費、住居費、光熱費、交通費、交際費など）がいくらになるのか、大雑把でもよいから具体的に紙に書き出してみることだ。そうすると、次に必要になる具体的な行動のイメージが湧いてくる。

図表1－11 ◎ 65歳以上の夫婦のみの無職世帯（夫婦高齢者無職世帯）の家計収支（2022年）

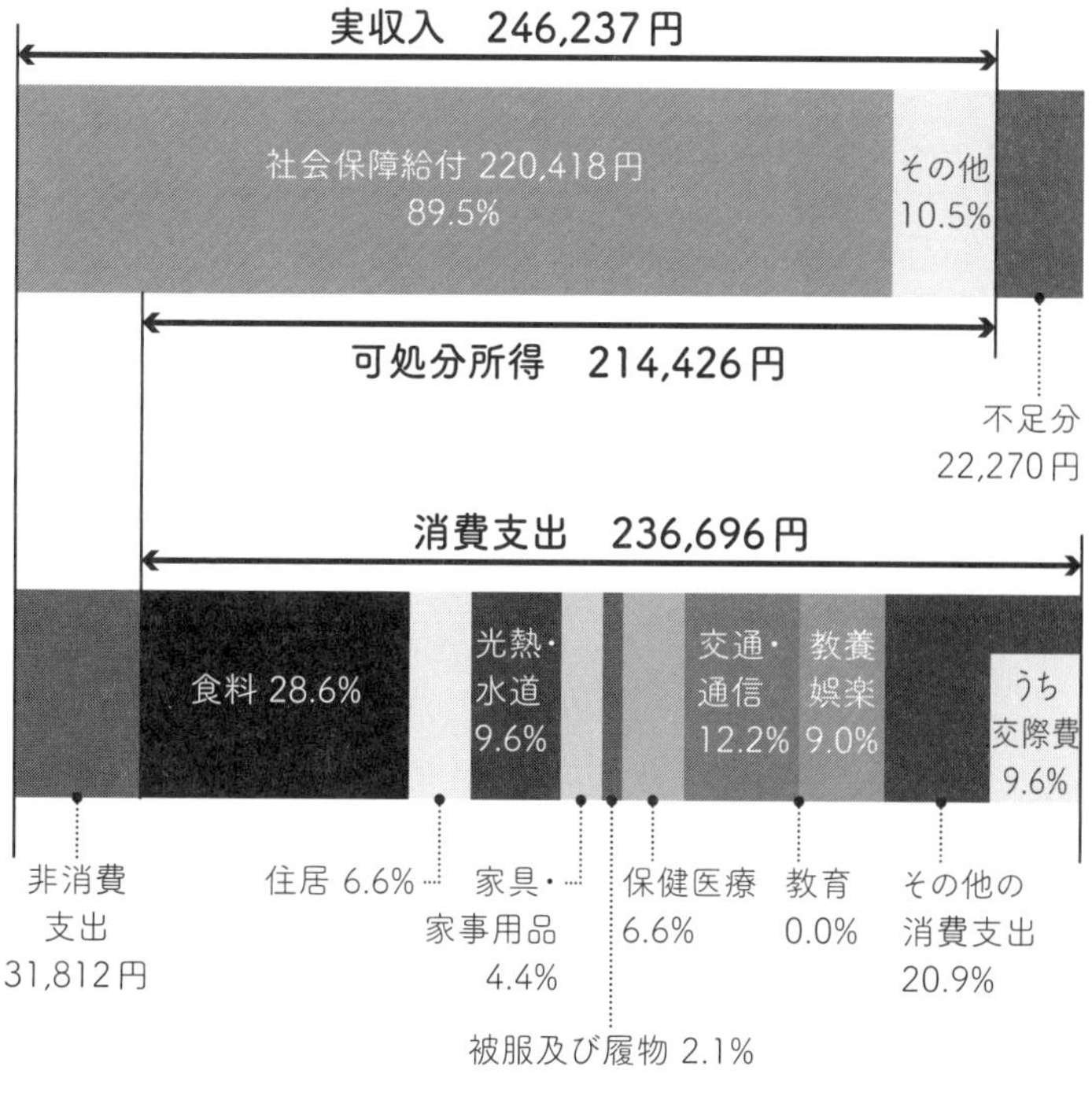

注1：図中の「社会保障給付」及び「その他」の割合（%）は、実収入に占める割合である。
注2：図中の「食料」から「その他の消費支出」までの割合（%）は、消費支出に占める割合である。
注3：図中の「消費支出」のうち、他の世帯への贈答品やサービスの支出は、「その他の消費支出」の「うち交際費」に含まれている。
注4：図中の「不足分」とは、「実収入」と、「消費支出」及び「非消費支出」の計との差額である。
出所：総務省

図表1―11の2022年の総務省の家計調査（家計収支編）によると、65歳以上の夫婦のみの世帯では、毎月平均で2万2270円の赤字が発生している。この場合、実収入には公的年金のほかに再就職や資産運用によるその他収入が含まれているが、それらがなければ収入が公的年金だけに限られるため、赤字額がさらに拡大する。こうして赤字額がわかれば、それを埋めるために何をすべきか、という具体的な対策のイメージが描けるようになる。

たとえば、食費や光熱費、お小遣いや教養・娯楽費、旅行費などをもっと切り詰めるべきだとか、子供が独立した後であれば広い戸建て住宅から夫婦二人暮らし用のマンションへ引っ越して住宅ローンの月々の元利金の支払い額を減らす……という具合だ。

大事なことは、まず月々の赤字の金額を把握することだ。それさえできれば具体的な対策はおのずと浮かんでくる。

毎月約6万円のおカネが不足する!?

住友生命のサイト記事「老後の生活費は平均いくら？　資金計画のポイント３つを解説」によると、平均的な老齢年金額は夫婦で月額約22万円であり、それから老後の世帯生活費の平均月額の約28万円を差し引くと、毎月約６万円が不足する（**図表１―12**）。年間に換算すると72万円にもなる。

先に見た金融審議会市場　ワーキング・グループ報告書では、毎月の不足額が約５万円となっていた。両方の試算とも老後の世帯生活費は総務省統計局「家計調査」に基づいているが、金融審議会報告書は２０１７年、住友生命は２０２１年の調査をベースにしたもので、不足額１万円の差は調査時点の違いを反映し

図表1-12 ◎ 老後の平均的な生活費

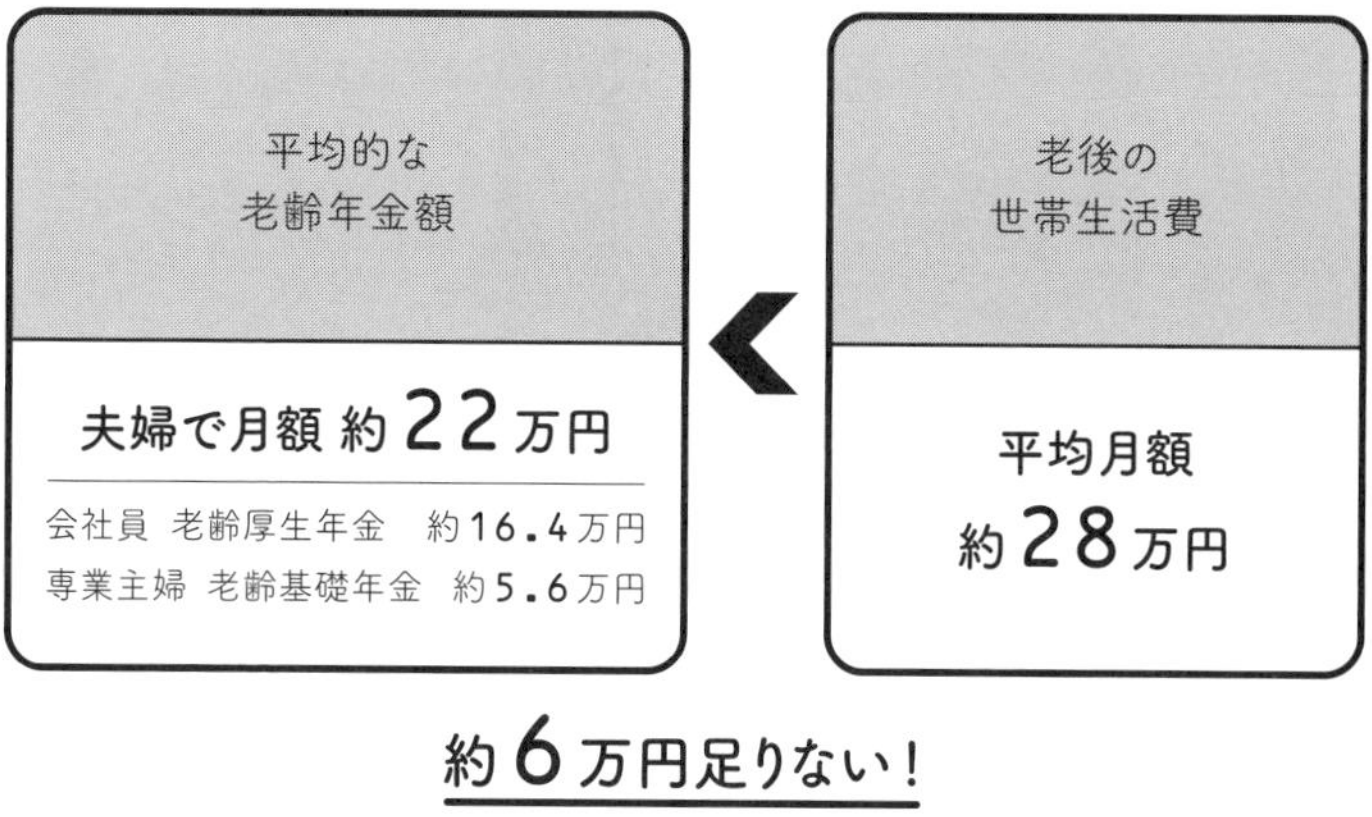

出所：住友生命

たものだろう。デフレ下だったにもかかわらず、4年間で月々の不足額（赤字額）が1万円増えるのはショックである。

　また、住友生命のサイト記事ではゆとりある老後を送るために必要と考える生活費は月額約36万円となっている（**図表1－13**）。さらに8万円が上乗せされる。平均的な老齢年金月額約22万円と比較すると、ゆとりある生活を送るためには約14万円の資金不足が発生する。ゆとりある生活では、「旅行やレジャー」「趣味や教養」「日常生活の充実」「身内との付き合い」などの費目が平均的な生活費よりも増えている。

　老後の平均的な生活費、老後のゆとりある生活費のいずれも、調査時点（202

図表1－13 ◎ 老後のゆとりある生活費

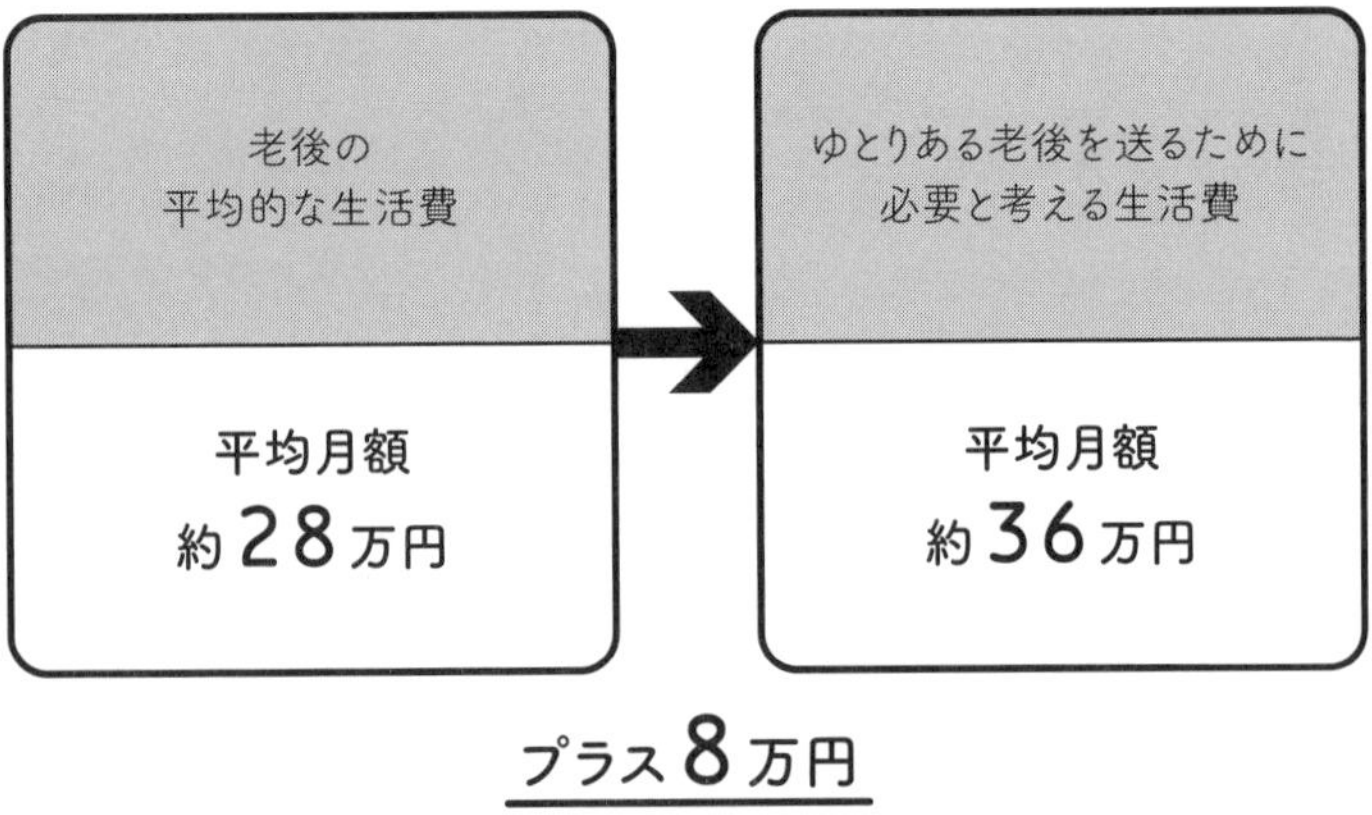

出所：住友生命

1年）以降は食糧、エネルギーの価格高騰や円安でかなり上昇していると思われる。その一方で、老齢年金の支給額は年金財政のひっ迫からほとんど据え置かれたままだ。

老齢世帯の毎月の生活費の不足額はこれから急ピッチで拡大していくことは覚悟しておいたほうが良い。

そうした今後の生活費の高騰に備えるためにも、老後資金は「平均的な生活」よりも「ゆとりのある生活」を目標にしたい。

そう考えると、住友生命の試算にあるように、公的年金以外に月々14万円の収入を準備する必要がある。

以上をまとめると、平均的な老後生活の場合、毎月約６万円が不足する。１年に換算すると６万円×12カ月＝年間72万円の準備資金が必要になる。夫婦二人とも健康で65歳から20年間、つまり85歳まで生きるとすると、72万円×20年＝１４４０万円を準備しなければならない。

一方、ゆとりある老後生活の場合は、毎月約14万円の不足が発生する。１年に換算すると14万円×12カ月＝年間１６８万円。同様に、夫婦二人とも健康で65歳から20年間、つまり85歳まで生きるとすると、１６８万円×20年＝３３６０万円の準備が必要になる。

さらに老後は、介護費用が発生することが考えられる。

公益財団法人生命保険文化センターの調査によると、月々の介護費用は平均8万3000円、介護期間の平均は5年1カ月だ。つまり介護費用として、506万3000円が必要になる可能性がある。

病気・冠婚葬祭・住宅リフォームなど、予定外の出費が発生することも考えられる。また今後のインフレ高進の可能性を考えると、こうした老後の準備資金はかなり上振れする可能性が高いと心得ておくべきだろう。

生活費を切り詰めるか、再就職で働き続けるか、資産運用で稼ぐか

公的年金以外の収入源としては、企業年金、個人年金、仕事の稼ぎ、資産運用、過去の貯蓄の取り崩し、親からの遺産相続などが挙げられる。

企業年金は企業が退職した従業員に対し、一時金として支払う退職金以外に、一定のおカネを年金として定期的に支払い続ける制度だが、企業年金も公的年金と同様に現役社員に比べて退職社員の数が増え続けていることから、財政は火の車だ。読者の勤め先

がいまでもこの制度を設けている場合はラッキーだ。

私の友人がかつて勤めていた会社では、退職金制度のほかに確定給付（一定の決まった金額を定期的に支払う制度）の企業年金が設けられるなど、従業員には至れり尽くせりだった。しかも年金支給の期間は本人が亡くなるまでの終身で、月当たり10万円程度が支給されていた。低金利などで企業年金の財政が赤字になれば会社が年間の収益から補填する仕組みになっており、退職者は安心して企業年金を老後の資金計画に組み入れることができた。

しかしこうした〝寛大な〟企業年金の制度も、会社が数十年前に業績不振に陥ったとき、当時の社長の〝英断〟で終身から有期の支給に突然切り替えられてしまった。私の友人が退職したときには、退職後15年間の有期支給となっていた。

それでも、期間限定とはいえ退職後に10万円前後の企業年金を受け取れる人は幸せである。ゆとりある老後生活の資金不足14万円（住友生命の推計）のうち、７割近くをこれで補うことができるからだ。しかし友人は15年の期限が切れる75歳以降どのような形で収入減を補っていくかまったく展望が開けておらず、不安で一杯だ。

ただ、こうした確定給付の企業年金を維持している会社でも、低金利の持続など運用環境の悪化から制度の縮小や廃止を検討しているケースが増えている。油断は禁物だ。

個人年金はどうか。これは民間の保険会社が販売する貯蓄型の保険商品だ。

個人加入者にとっては、公的年金を補完する老後の資産形成の一つであり、若い頃から給料の天引き方式で準備することができる。保険料の支払いを終えた後、一定の年齢（たとえば65歳）に達すると、その翌年から無期あるいは有期で毎年一定の年金額を受け取ることができる。

私の別の知人は、就職して間もないころ、大手損害保険会社に勤務していた学校の先輩から半ば〝強制的〟に加入させられた。65歳から75歳までの10年間、年初にまとめて年間60万円（月当たり5万円）が支給され、退職後の生活費の補填に大いに役立っている。若い頃は毎月保険料が天引きされるのを見てもどのような形で恩恵が返ってくるのか具体的にイメージできなかったが、老後生活の現実（＝資金不足）に直面しているいまでは、学校の先輩に感謝するしかない、という。

若いうちから老後を心配して計画的に個人年金に加入するケースはそれほど多くないが、一足先にシニアになった者から言わせてもらえば、検討してみてもいい商品ではないかと思う。

また、定年を数年後に控える世代でも加入できる個人年金保険がある。80歳代でも加入できる保険もある。ただし預貯金と異なり、契約期間の途中で解約すると解約返戻金が払い込み保険料を下回ることがあるので注意が必要だ。

そのほかに、生活費の補填として過去の貯蓄の取り崩しや遺産相続などが考えられるが、定年退職後の比較的早い段階から貯蓄を取り崩す勇気のある人はそれほど多くないだろう。

遺産相続も、先に計算したような老後生活に必要な数千万円単位の遺産が転がり込んでくるほど幸運な人は、それほど多くない。東京や大阪のような大都市圏で一戸建ての住宅を相続すれば相続税でがっぽり持っていかれるし、親が死んだ後の兄弟姉妹の相続争いは世の常だ。仮に裁判に勝っても、実際にお金を手にできるのはかなり先の話だ。生活資金源としては、あまり当てにできない。

このように考えると、**老後の生活費から公的年金、企業年金、個人年金を差し引いた後の老後の不足額を埋めるには、①生活を切り詰める、②再就職で再び働く、③資産運用する、の３つの選択肢しかない**ことがわかる。

○年をとれば生活費は自然に減っていく

①の生活費の切り詰めだが、あまりお勧めできない。

もちろん退職後は現役時代とは生活が大きく変わる。生活の中心は職場から自宅に移る。それに伴って行動の範囲や人付き合いも変化する。生活費の内容や金額も変化する。最近は在宅勤務、リモートワークなど勤務形態が多様化してきているが、仕事や通勤で使っていたビジネススーツやワイシャツ、靴などの支出、飲食・交際費などの仕事に関連する支出、子供の教育費（子供はすでに自立している場合が多い）、厚生年金保険料、雇用保険料などの負担は確実に減少あるいは消滅する。

その反対に、退職後の友人との交際費、医療費、介護費用、健康保険料（会社の負担分がなくなるので）などは確実に増える。

私の印象でいえば、ビジネススーツやワイシャツ、靴など高額な支出や、付き合いゴルフや仕事帰りの一杯などの回数が大幅に減るので、生活費はそれなりに減少する。私は退職してから編集や翻訳の請負仕事を細々と続けているが、仕事用のスーツやネクタイ、ワイシャツ、コート、革靴はいっさい購入していない。意識して節約しているのではなく、実際に購入する必要性がないからだ。現役時代に買った新品のスーツやネクタイが洋服タンスの中で退屈そうにぶら下がっているのを見ると、ずいぶん無駄なことをしてきたなと感じることが多い。

またお酒を呑んで気分転換を図るにしても、自宅の場合は外食と比べて費用は数分の一程度ですむ。また年を重ねて高齢になると、お酒を飲む量も自然に減少する。

◯老後の資金対策の第一歩は健康であること

医療費については、「健康寿命」を伸ばすことで支出を減らすことが可能になる。

厚生労働省によると生涯医療費（日本人が一生のうちに使う平均医療費の推計、令和２年度、男女計）は２７００万円で、そのうち約６割（約１６００万円）が退職年齢の65歳以上に達してからの出費となっている。

しかし、私たちの多くは実際には公的医療保険に加入しているので、自己負担額はこの医療費のうち1〜3割（個人の年齢や所得によって変化する）となる。そのため65歳以降にかかる医療費は160万〜480万円が目安となる。

65歳以降も健康を維持し病院のお世話にならなければ、この分の医療費を大きく減らすことができる。

冒頭で紹介した65歳以上の高齢夫婦無職世帯の収入・支出のモデルケース（23ページ図表1―3）では、月当たり約1万5000円の保健医療費が盛り込まれている。現在の健康寿命は男性72・68歳、女性75・38歳（2019年時点）だが、夫婦ともに70歳までまったく病院のお世話にならなければ90万円（＝1・5万円×12カ月×5年）、75歳までなら同180万円、さらに80歳なら270万円の出費を抑えることが可能だ。言い方を変えれば、健康であることによってこれだけのお金を〝稼いだ〟ことになる。

ただ現実問題としてかなりの高齢になるまで病院と無縁の生活を送ることができるかは怪しいところだが、心身ともに健康生活を送れるよう心がけることが、老後資金不足対策の第一歩であることは言うまでもない。

○生活費の切り詰めには限界がある

このように医療費は努力次第で月当たり約1・5万円の節約が可能だが、それ以外の費目については生活の変化がすでにかなり織り込まれている。先に紹介した老後世帯の平均的な月当たり生活費約28万円の削減の「のり代」はほとんどないと考えるのが現実的だろう。

むしろこれからは、デフレからインフレへと時代の波がシフトする。現時点でも、ウクライナ戦争や中東情勢の緊張化で食費や光熱費、ガソリン代などが急騰している。いやがうえにも生活費は切り上がっていく。

ゆとりある老後生活の場合の月当たり生活費は約36万円だ。こちらは平均的な生活に比べれば、生活費を削減する「のり代」は多少あるかもしれない。しかし、それは「ゆとり」を我慢して、平均水準に近づけることでもあるから、削れるから大丈夫というものではないだろう。

本来はいろんな面で健康で豊かであるべき「人生の収穫期」に、財布の中身を気にしながら毎日を不安に過ごすのはあまりに寂しい。

結局、**現実的な選択は、②働き続けるか、③資産運用するか、の二択しかない。**

厚生労働省「国民生活基礎調査の概況」の直近データによると、年金等を受給している高齢世帯のなかで所得を年金収入だけに頼って生活している世帯の割合は年々低下している。２０１７年は52・２％と半数を占めていたが、19年は48・４％、22年は44・０％と低下をたどっている。年金収入だけでは、生活の質を支えられなくなっているのだろう。

多くの人が定年退職以降も、公的年金以外の収入源を見つけ出して、老後の生活費の足しにしている現実がうかがえる。

老後も働き続けて「老後をなくす」!?

資金不足対策としては、仕事で稼ぐ＝死ぬまで月６万円稼げる仕事を現役時代に準備するということが考えられる。

平均的な老後生活の場合、仕事でひと月当たり6万円稼ぐことができれば、「月当たり不足額（約0万円）＝生活費（28万円）－公的年金（22万円）－仕事の稼ぎ（6万円）」となって、不足額はゼロとなる。

これは「働き続ける」ことで「老後をなくす」作戦だ。

言葉遊びのようだが、**公的年金のほかに月6万円の労働収入がずっと維持できれば、老後資金の不足を心配する必要がなくなる。**

ところで65歳以降も働き続けるといっても、そんな都合の良い仕事や職場が簡単に見つかるのだろうか。「そんなのないから頭を悩ましているのだ」。お叱りの声が聞こえてきそうだ。

しかし「働き続ける」といっても、現役時代のように月給40万円や50万円のフルタイムの仕事に就くわけではない。月に6万円を稼ぐ仕事ならハードルが下がる。

実際、多くの人が農業や運送業、施設警備や交通誘導、マンション清掃、販売業、接客業などで働いて、老後の資金の不足を補っている。

とくに警備や清掃は、シニア向け求人が多い。どちらも農作業と同じく屋外で立ったまま仕事をする時間が長く、体力の消耗が激しいが、体力に自信がある人なら挑戦する価値はある。

警備の仕事は、商業施設やオフィスビルなどの安全を守るのが目的だが、時には女性や子どものエスコートなどの仕事もある。仕事の内容はかなりハードだが、時給は悪くない。

ネットの広告を見ると、東京・神奈川エリアの交通誘導警備員の募集広告には「日給1万円～、夜勤1万2500円～」と記されている。「勤務時間は8：00～17：00（1時間休憩）」。しかも3日間の研修があり、警備の仕事が初めての人も安心と記されている。仕事に就く前に3日間の研修に参加すれば2万円が支給される、という。

高齢になってからの警備員の仕事は肉体的・精神的にかなり過酷だが、この仕事を月に6日間だけやれば目標の6万円は稼げる。

スーパーやコンビニで時給1000円（東京や神奈川など）のアルバイトをする場合、1日4時間×15日間働けば目標の6万円に到達する。夫婦2人でアルバイトすればそれぞれ7・5日間働くだけで済む。

○退職後は仕事の目的や意義が変わってくる

退職後に働く場合、その目的や意義が変わってくる。その勤労観も若い頃とは大きく変わってしかるべきだ。

最近では定年後に現役のときとはまったく異なる新しい仕事やボランティアを通して、近隣の身近な人々に貢献したいと考える人が増えている。

定年後も働き続けることによって、体や心の健康につなげたいと希望する人が増えている。家庭に引きこもるのに比べれば、社会へ貢献している、社会とつながっているという前向きな気持ちを持つことができる。それによって、いつまでも精神的な若さや肉体的な健康を維持することができる。

NPO法人「老いの工学研究所」の川口雅裕理事長は「老い」の専門家だ。高齢期の幸福感を住環境や地域コミュニティーとの関係から分析し続けている。その著書『なが生きしたけりゃ　居場所が9割』（みらいパブリッシング）によると、高齢期のいちばんの課題は「意図せぬ孤独」だ。それを解決するために、自分の役割や居場所を実感できるコミュニティーへの日常的な参加などを推奨している。「健康の秘訣は同世代で集まること」であり、それによるメリットは次のようなものだ。

- 規則正しい生活につながる
- 身だしなみや清潔感に気を配るようになる
- 年寄り扱いされることがない
- 心身の痛みやつらさをシェアできる

私の年齢になると、これらはどれもが健康維持に結びつく、と実感できる。働くことの主目的が、現役世代のおカネからシニア世代は健康や幸福感へと変わってきて当然なのである。

とはいえ、**健康や体力を考慮すると、労働収入を老後資金のメインとして位置付けるのはリスクが高い。労働収入以外のもの、つまり資産運用で資金を確保する手立ても選択肢として用意しておく必要がある。**

人生においていちばん大切なことは何だったか？

昔、高校の生物の教科書で学んだことで、なぜかいまでも覚えていることがある。それは「リービッヒの最小律」というものだ。生物の成長速度や収量は、必要とされる栄養素のうち、与えられた量のもっとも少ないものに影響されるという学説だ。ドイツの化学者ユーストゥス・フォン・リービッヒが提唱したといわれる。

この説に対しては異論もあるようだが、専門バカ、バランスの悪さ、一点豪華主義への警告として、いまでも語り継がれている。

リービッヒの最小律を一般向けにわかりやすく解説したものが、「ドベネックの桶（あるいは樽）」（**図表1－14**）といわれるものだ。そういえば私も「リービッヒの最小律」という言葉よりも「ドベネックの桶（あるいは樽）」の図のイメージが脳裏に強く焼き付いていた。

この図は、人間や植物の成長を桶のなかに張られている水、桶の横板を養分や要素に見立てている。人間や植物の成長の過程では、横板の丈の高さはバラバラだ。こうした状況では、たとえ数枚の横板がどれだけ高くても、それよりも低い横板があればそこから水がどんどん外へ漏れだしてしまう。その桶はいちばん低い横板の部分までしか水を溜めることができない。結局、桶の水かさ（＝人間や植物の成長）はいちばん背丈の低い横板（栄養素）によって決まることを示唆している。

米国の名門ハーバード大学ビジネススクールの卒業生の意識を定期的に追跡調査した結果がある。彼らの多くは米国ビジネス社会で大成功をおさめたエリートで、経済的にも超裕福な人々だ。その引退世代である60～70歳代の卒業生に「人

図表1−14 ◎ ドベネックの桶（あるいは樽）

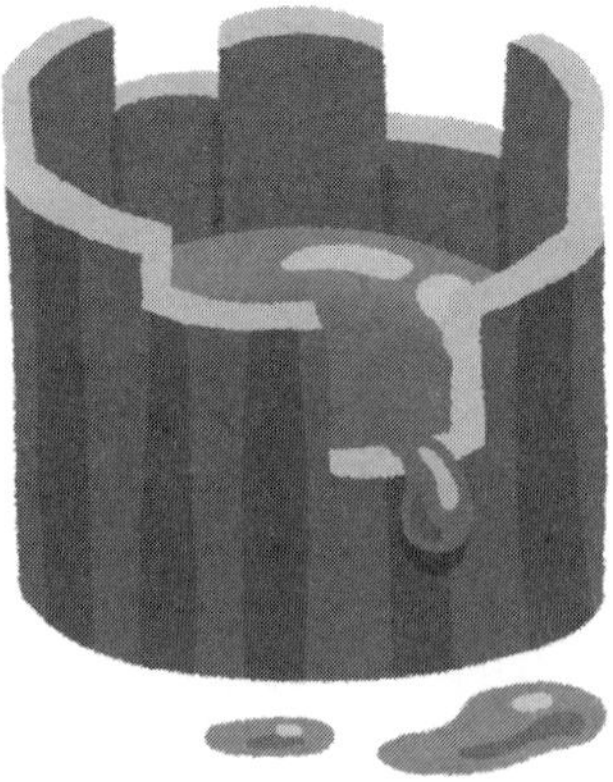

出所：いらすとや

生においていちばん大切なことは何だったか」と尋ねたところ、学歴や勤勉、社会的な地位やおカネなどを抑えて、家族や友人との交流・交際という回答がいちばん初めにきたという。

これは私の勝手な推測だが、彼らの多くは家族や友人との交流・交際を犠牲にして、多額の年俸や社会的地位を得てきたのではないか。アンケート結果は、そうした自省が反映されているのかもしれない。

私たちの退職後の幸せもドベネックの桶と似たところがある。

おカネがあって健康に恵まれていても、社会や家族から孤立し、人との絆や社会との係わりが乏しければ、幸せの度合いも低くなる。定年後の働き方も、変なプライドや世間体から選択肢を狭めれば、人との絆や社会との係わりという栄養素が大きく低下してしまう。退職後の幸せも大きく目減りしてしまう。

交通警備員がいなければ道路の工事現場は成り立たない。歩行者も安全に通行できない。マンションの清掃員がいなければ、マンションの住人は快適な生活を送ることができない。建設現場の作業員がいなければ、ビル自体を建設することさえできない。

あらためて「仕事はすべて尊い営み」であることを再確認したい。

どのような職種、仕事であっても一生懸命に取り組めば、社会的な意義を感じることができて、気持ちや意思が通じ合える友人にも出会えるはずだ。

本書では「投資」によってシニアが必要なお金を手当てする方法について考えていくが、それだけがすべてではないことは心得ておきたい。

第1章のまとめ

・「老後資金として2000万円が必要」という話題を呼んだ金融審議会　市場ワーキング・グループ報告書。重要なメッセージは、「2000万円必要か」という矮小化されたものではなく、現役時代から長寿化に対応して「月々少額でもいいから長期・積み立て・分散投資で資産形成を始めよう」というものだ。

・住友生命の試算によると、平均的な老後生活の場合、毎月約6万円が不足する。一方、ゆとりある老後生活の場合は、毎月約14万円の不足が発生する。

・老後の不足対策その①＝老後も働き続けて「老後をなくす」。死ぬまで月6万円を稼げる仕事を現役時代に準備する。

・定年後も働くことは心身の健康にとって非常に大切だ。

・ただし、健康や体力を考慮すると、働くだけではリスクが高いので、資産運用で資金を確保する手立ても選択肢として用意しておく必要がある。

第 2 章

低成長・低金利経済下の資産運用は株式投資が有利

INVESTING FOR
“HIGH DIVIDEND YIELD”
WILL LAST A LONG TIME

○定年退職後の資産運用は必須科目

定年後も働き続けることができれば、老後の資金不足を補うメドが立つ。

先の方程式で再確認すると、「月当たり不足額（0万円）＝生活費（28万円）－公的年金（22万円）－仕事の稼ぎ（6万円）」となる。

しかし、これはあくまで平均的な老後生活費をまかなうためのものだ。前にも触れたとおり、ゆとりある老後生活を送りたい場合、その生活費は28万円から36万円へ8万円も跳ねあがる。

「月当たり不足額（約8万円）＝生活費（約36万円）－公的年金（22万円）－仕事の稼ぎ（6万円）」となる。

そこで、ゆとりある老後を送るために必要になるのが、資産運用だ。

そのための対策が、定年の10年程度前から老後資金の原資を蓄え、それを運用して退職後は月8万円稼げるようにするというものだ。

それによって方程式は、「月当たり不足額（0円）＝生活費（36万円）－公的年金（22万円）－仕事の稼ぎ（6万円）－資産運用（8万円）」に変わる。

ただし後述するように資産運用、とくに短期間に株式の配当金だけで月8万円を稼げるようになるのはかなりハードルが高い。最初のうちは資産運用の不足分を、仕事の稼ぎで補うようにすれば良いだろう。

そして将来、夢のような話かもしれないが、資産運用だけで月8万円ではなく月14万円を稼ぐことができるようになれば、その後は働かなくて済む。老後のすべての時間を自分の好きな趣味や旅行、読書に費やすことができるのだ。

保守的すぎる日本のシニア世代

資産運用する場合、現預金を含むすべての資産から何割を運用（投資）に振り向けるのが安全といえるのだろうか。

日本銀行が定期的に公表している「資金循環の日米欧比較」（2023年8月25日）のなか

に参考になるデータが掲載されている（図表2―1）。

それは日米欧の各国の家計が資産をどのように配分しているかを示したものだ。日本は米国やユーロ地域に比べると、安全な現金・預金の比率が極めて高い。運用という点では、きわめて保守的だ。一方、米国は現金・預金の比率が日欧に比べ極端に低い。株式や投資信託へ積極的な投資を行なっている。国民気質や社会制度の違いなどを反映したものだが、米国の事例は一つの参考指標になる。

日本の今後の資産運用の環境を見ると、ロシア・ウクライナ戦争、中東情勢の緊張継続など地政学的な要因や円安の長期化などでインフレがますます高進する可

図表2-1 ◎ 日米欧の家計の金融資産構成 金融資産合計に占める割合（%）

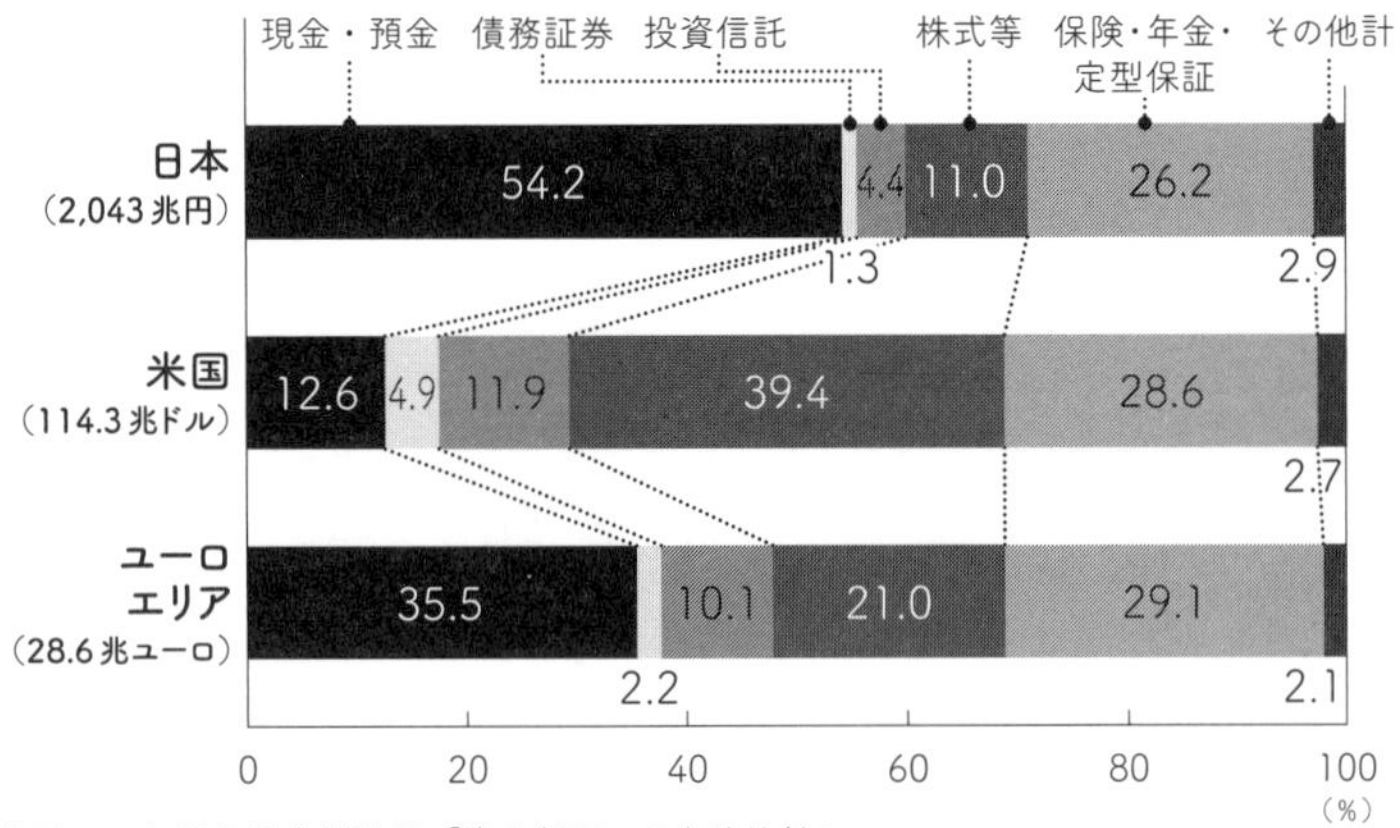

出所：日本銀行調査統計局「資金循環の日米欧比較」（2023年8月）

能性が高い。その一方で、少子高齢化に伴う低成長から相対的な低金利状態がしばらく続くと予想される。とくに消費財関連の物価上昇のスピードに、預貯金の金利の引き上げが追いつかない事態が十分考えられる。

このような状況では、預貯金のみで資産を増やすことは不可能だ。むしろ急激なインフレで現金や預金の実質的な価値が大幅に目減りすることを心配する必要がある。

「人生100年時代」で、退職後の生活費用がますます増えていく。日本でも米国並みにリスクを取って資産の拡大に挑戦していくことが求められる。

日本の２人以上世帯の資産構成を年齢

図表２−２ ◎ 日本の２人以上世帯の資産構成の割合

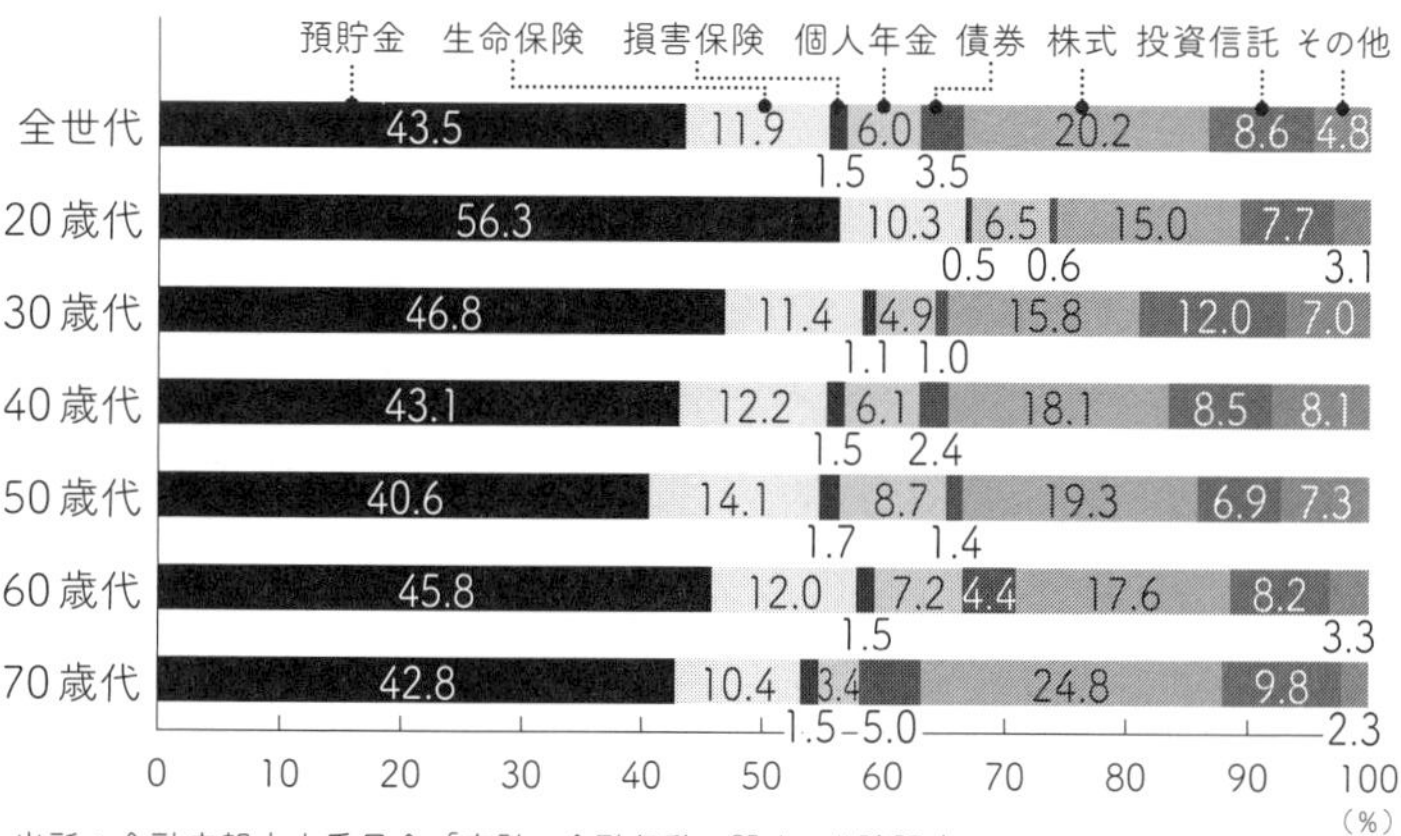

出所：金融広報中央委員会「家計の金融行動に関する世論調査（2人以上世帯調査）」（令和4年）

別（**図表2－2**）に見ると、預貯金は30、40、50歳代と年齢を重ねるごとに比率が減少し、個人年金、債券、株式などのリスク資産の比率が徐々に高まっている。これは所得の増加や子供の自立によって教育負担が軽減する一方で、退職後への準備で資産運用に取りかかる人が増えるからだ。

しかし60歳代になると、再び現預金の比率が高まる。株式などリスク資産の比率は頭打ちとなる。退職後は、突然の病気やケガなどに備えた現預金の必要性が高まり、収入も先細りで投資リスクへの許容度が再び低下するためだ。

しかし、この程度の〝腰が引けた〟資産運用では、「人生100年時代」を本格的に生き延びることはできない。寿命の延長で生活費自体が大きく増えるうえ、インフレによって預貯金は目減りし、さらに公的年金も頭打ち（あるいは引き下げ）になることが予想されるからだ。

60、70、80歳代になっても50歳代と同じような、あるいはそれ以上の積極的な資産運用に取り組む必要がある。米国は金融資産に占める株式と投資信託の比率が50%を超えているが、日本は15%にすぎない。**日本の家計は米国並みとはいわないが、現状の2倍程度までリスク資産の比率を拡大する余地はある。**60、70歳代以上の高齢になっても、50歳代以上に現預金の割合を減らし、リスク資産の比率を高めないと快適なシニアライフには手が届かないかもしれない。

◎50歳代になったら総資産の棚卸しを！

株式や投資信託などリスク資産の割合を高めるため、日本の家計は現預金の割合をどこまで減らすことができるだろうか。50歳代以上のシニア世代は万一の備えとしてどのくらいの現預金をキープしておけばよいのだろうか。

おカネは次の3種類に色分けできる。

①日々の生活に必要な当面のおカネ
②将来使う予定のあるおカネ
③将来使う予定のないおカネ

①が食費や光熱・水道料、交際費、住宅ローンの支払いなどの生活費や、ケガや病気

になったときの治療費などである。現預金でいつでも使えるようにしておかなければならない。

②は子供の進学の際の入学資金や授業料、家の改築、家電製品や車の買い替え費用などだ。

③が株式や投資信託などへの運用に投じることのできる資金だ。

マネーの専門家によると、①は、月々の生活費の3カ月~1年分が一応の目安となる。毎月の生活費が30万円であれば90万~360万円を現預金で持っておくのが望ましい。これに、突然の冠婚葬祭や医療費、介護費などの備えとして100万円くらいをプラスしておけば安心だ。

②は、各個人の生活様式や家族構成によって異なるから一般的な数字で示すことはできないが、いずれも支出の時期やおおよその金額がわかっている。預貯金など流動性の高い資産で保持しておく必要がある。

ここで重要なのは、50歳代になって**退職後の生活が視野に入ってきたときに、手持ちのおカネをこうした3分類法で〝棚卸し〟して、③の退職後の生活を豊かにするための資産運用に回せる金額をはっきりさせておくこと**だ。

それが資産運用の第一歩となる。

私も50歳代後半になって慌ててその作業に着手したが、もっと早く取りかかればもっと効果的な資産運用ができただろうと後悔しきりだ。

◎「資産3分割法」が基本原則

資産運用では「資産3分割法」が基本原則になる。

資産3分割法とは、保有する資産を現預金、株式、不動産という3つの資産カテゴリーに振り分けてバランスよく運用する投資法のことだ。分散の比率は正確に3分の1ずつである必要はない。個人の資産規模やライフステージ、時々の経済環境に応じて、比率を増減させてもいっこうに構わない。

たとえば全資産の1000万円をすべて銀行預金に預けていれば、今回のような急激なインフレが起こった場合、実質的な価値が大きく損なわれてしまう。インフレに強い株式に300万円、不動産に300万円という具合に分散させておけば、預金の目減りを補えるばかりか、逆に経済的な価値を全体として高めることができるかもしれない。

つまり現預金、不動産、株式は資産としての特性が異なるから、こうした3つの資産カテゴリーをうまく組み合わせることで様々なリスクに柔軟に対応できるのである。

多くの人の場合、不動産は一件あたりの物件の値が張るうえ、いざというときにすぐに現金に変換できない難点がある。不動産の代わりに債券（国債や社債、外国債券など）や生命保険を分散の対象に加える人もいる。

また現預金を含む資産全体の3分割だけでなく、前項の③の資産運用のおカネについても債券、株式、外貨建て資産（株債券や保険など）に3分割してリスク分散を図るのも良い考えだ。

私の場合、退職後に資産運用に本格的に取り組むようになってから、現預金、株式、生命保険（保険金ベース）の3つに資産を分散して、総資産額の増加とリスクの分散を心がけるようになった。

大きな目安で言えば、**退職直前までは現預金70%、株式0%、生命保険30%だった。現在は将来的なマクロ経済環境の変化や個人的なリスク許容度などを考えて、現預金30%、株式60%、生命保険10%の比率へシフトさせている。**

現預金の比率を思い切って減らしたのは、先述のおカネの色分け作業によって、余分な現預金を持つ必要がないと判断したからだ。①私たち夫婦の生活費が公的年金と企業年金、編集執筆請負の仕事、株式投資の配当で何とか回せるメドが立ったこと、②病気やケガへの備えは生命保険の傷病特約サービスで対応できることがわかったこと、③今後はデフレからインフレへの時代の変化で現預金が相対的に不利になることなどが、そうした判断の理由だ。

生命保険の比率を減らした理由は、①子供の独立で、私が死んだ後のリスク（生活費の確保）は妻だけになり、月々高額な保険料を支払って高額な保険金を得る必要性がなくなったこと、②保険料の節約で浮いた資金を将来の株式投資による配当の拡大に回せば生活が楽になることに気づいたからだ。

また、最近では、世界に占める日本経済の相対的な地位の低下や、GAFAM（グーグル、アップル、メタ、アマゾン、マイクロソフト）に代表される米国IT企業の成長を取り込むために、先の「株式60％」の分散にも取り組んでいる。これまでの日本株一辺倒から、米国株や外国株式投資信託など外貨建て資産の比率を徐々に増やし始めている。

○株式投資の基本スタンスは「配当狙い」

資産運用で月8万円稼ぐには何をすればよいのだろうか。現在の国債や社債、預貯金の金利はゼロ・コンマ以下の世界なので、運用の対象としては論外だ。

やはり**株式投資が資産運用の有力な柱**となる。

資産運用の専門家は、退職後の資産運用は「増やす」よりも「減らさない」ことに力点を置き、株式などハイリスク資産への投資はできるだけ抑えるべきだと戒めている。

もちろん本書も株式投資でギャンブルを推奨しているのではない。株式投資でもローリスクの投資方法がある、ということを知っていただきたいだけだ。

たとえば、**主要業種のトップ企業で、配当利回りが高い銘柄に10〜20年の長期投資をすれば、ミドルリスク・ハイリターンの投資になる。**超低金利下でノーリスク・ノーリターンの運用手段になり下がってしまった銀行預金に比べれば、有利な投資先だ。

株式投資はまた、今後の大きな懸念材料であるインフレに対しても価値保全の有効な防御手段となる。

本書で推奨する株式投資の基本スタンスは「配当金狙い」だ。

高配当利回りの銘柄に投資して、それを株価の上昇、下降にかかわりなく長期間保有するのだ。株価上昇で多少の値上がり益が生じても安易に利食わない。株価下落で含み損が発生しても嘆かない。

さらに配当金を同じ銘柄に再投資すれば、複利で資産が増えていく。株価が下がれば多く買い増すことができる。増配があれば配当金額が増える。

配当利回りの高さが株価が下落を抑止する

もっと専門的に解説すれば、高配当利回りの銘柄は、その配当利回りの高さ自体が株価下落の抑止力となる。株価が一時的に下がれば配当利回りが上昇するため、あらたな投資マネーが入ってきて株価が戻る可能性がある。

増配があれば、購入した株価に対して配当利回りがさらに上がり、資産運用の効率性が高まる。増配がさらなる増配の期待を呼び、株価がさらに上昇するかもしれない。

つまり配当（インカムゲイン）狙いの投資は、それ以上の値上がり益（キャピタルゲイン）を得られる可能性を秘めている。

念のためにいえば、長期投資では一時的な値上がり益はメインのターゲットではない。サラリーマン風にいえば、原則、**年2回の支払いがある配当が「給料」、値上がり益は会社の業績が良いときに支払われる「賞与（ボーナス）」という位置づけだ。**ボーナスを当てにして豊かな生活を送っていれば、不景気でボーナスが出ないときは生活が立ち行かなくなってしまう。株式投資も同じだ。ボーナスばかりを気にすることは、投資ではなく投機、ギャンブルである。

配当金の獲得だけを目標にして、値上がり益はその存在自体を忘れてしまうことだ。巷間言われている「ほったらかし投資」だ。

値上がり益に少しでも注意が向くようになると、株式投資は必ず挫折する。失敗する。これが、私の経験から得た教訓だ。

◯なぜ業界トップ企業が長期投資に向くのか

最近は配当の支払い金額を業績に連動させる企業が増えている。大企業といえども、不況で業績が悪化した場合は減配になる可能性がある。しかしよほどのことがない限り、無配にまで転落することはない。無配を決めた社長は株主総会で針のムシロに座らせられる。できることなら避けたい。その意味で、配当は下方硬直的だ。**業界トップ企業の場合は、体力に余裕がある分だけ無配や大幅な減配のリスクをそれほど心配する必要はない。**

もちろん、業界トップの企業といえども、東芝や東京電力のように突発的な出来事で突然、経営危機に陥って、配当が一気に無配に転落することがある。しかし、一般的にはその確率はかなり低い。業界トップ企業は銀行や証券会社の融資担当者や企業アナリスト、そしてメディアから絶えず監視されているからだ。

日産自動車のカルロス・ゴーン会長逮捕や東芝の粉飾決算は寝耳に水だったが、多くの場合、業績の急変や経営スキャンダルの予兆が見つかれば大々的に報道される。ちなみに、私も現役時代、日産のゴーン会長の公私混同の噂は小耳にはさんでいたが、まさか金融商品取引法違反や特別背任罪の容疑で逮捕されるとは思わなかった。自分の感度の悪さを恥じるしかない。

大企業以外の中小、零細企業では、日本経済新聞のような大メディアでもノーマークの場合がある。証券会社も大手企業や話題の注目銘柄には多くの人材を張り付けてフォローしているが、人気のない企業や値動きの少ない小型株はほとんどノーマークだ。

したがって、中小型銘柄では事業環境の急変で一気に〝サドン・デス（株価の致命的な下落）〟を迎えることがある。業績不振のニュースが出たときは、株価が致命的な大暴落をしていたということだって起こりうる。

しかし、**大企業には「炭鉱のカナリア」が数多くいる。**炭鉱のカナリアとは、炭鉱等で有毒ガスが発生した際に、人間よりも先にカナリアが察知して鳴き声が止むことに由来し、まだ起きていない危険や目では感知できない危険を知らせる人、または状況を意味している。**日ごろから『会社四季報』や大新聞の企業記事を見る習慣を付けておきさえすれば、「カナリア」の異変を早く察知して、傷が深くならないうちに別の大企業に乗り換えることができるはずだ。**

◎毎月10万円投資で第二の個人年金をつくろう

前述のとおり、退職後に平均的な生活を送るには月当たり28万円（公的年金22万円＋仕事の稼ぎ６万円）、ゆとりのある生活を送るには月当たり36万円（公的年金22万円＋仕事の稼ぎ６万円＋資産運用８万円）が必要になる。ゆとりある生活を送りたいと思えば、仕事での適度な稼ぎとともに資産の運用が欠かせない。

資産運用、たとえば株式投資の配当金だけで月８万円、年間96万円を稼ぐには、いったいいくらのお金を準備しておく必要があるのだろうか。

たとえば、株価１０００円、１株当たり年40円の配当（配当利回り４％）をしている銘柄（A銘柄）があるとしよう（ここでは株価は横ばいを続けると仮定、税金も無視する。85ページで紹介する新NISAを活用すれば実際に税金を支払う必要はなくなる）。

このA銘柄だけの運用で月８万円（年間96万円）を稼ぐには２４００万円（96万円÷０・０４＝２４００万円）の資金（元手）が必要になる。つまり65歳の退職の初年から月８万円の配当を稼ごうとすれば、退職の前までに最低でも2400万円を貯めておく必要がある。

「はじめに」で、総務省統計局が行なった2023年1~3月期の「家計調査」では、世帯主が60歳以上の2人以上の世帯における平均貯蓄額は60~69歳で2460万円、70歳以上で2452万円となっていることを紹介した。これからすると実際に実行できるかはともかく、高齢者のかなりの部分がその貯蓄をすべて株式投資に投じれば、配当金だけで月8万円、年間96万円を稼ぐ生活を送ることができる。

もし退職前のシニア世代が、退職時までに2400万円を貯めるには、何をすればよいだろうか。

たとえば65歳定年の10年前つまり55歳から、毎年120万円（毎月10万円）を配当利回り4％の銘柄に投資するとしよう。その配当金を同じ銘柄に10年間再投資し続けると、10年後の退職時にはどのくらいの資金に増えているだろうか。実際に配当金を再投資する場合、少額すぎて売買の最低単位に届かない場合があるが、ここでは頭の体操ということで実務上の問題は無視する。

10年間の合計運用額は、次の計算によって得られる。ちなみに4年目以降は計算の説明が煩雑になるので省略する。

・１年目＝元本１２０万円＋配当４・８万円＝１２４・８万円
・２年目＝１年目投資の再投資（１２４・８万円）×１・０４＋２年目投資（元本１２０万円＋配当４・８万円）＝１２９・７万円＋１２４・８万円＝２５４・５万円
・３年目＝１年目投資の再々投資（１２９・７万円）×１・０４＋２年目投資の再投資（１２４・８万円）×１・０４＋３年目の投資（元本１２０万円＋配当４・８万円）＝１３４・９万円＋１２９・７万円＋１２４・８万円＝３８９・４万円
・４年目＝５２９・７万円
・５年目＝６７５・５万円
・６年目＝８３７・１万円
・７年目＝９９４・７万円
・８年目＝１１５５・４万円
・９年目＝１３２２・５万円
・10年目＝１４９６・３万円

以上のシミュレーションから、毎年年間１２０万円（毎月10万円）をコツコツ積み立て投資すれば、10年後には合計約１５００万円にも達することがわかる。

その内訳は元本累計で1200万円、配当金累計で約300万円だ。

目標の2400万円には届かないが、このシミュレーションでは投資した銘柄の株価は10年間、1000円で変わらないことを想定していた。この間に、株価が少しでも値上がりしていれば、意識的に忘れるようにしていた値上がり益（含み益）が「ボーナス」として期待できる。そうすれば、目標の2400万円にさらに近づく。

ちなみに日経平均株価は過去10年間（2012年の終値と2022年の終値を比較）で2・5倍、過去9年間（2013年終値と2022年終値を比較）で1・6倍へ上昇している。すべての銘柄が日経平均と同じ動きをするわけではないが、たとえば1年目に投資した資金120万円が日経平均株価と同じく10年後に2・5倍になっていると仮定すれば、総額は300万円に膨れ上がり、そのうち値上がり益は180万円となる。

2年目に投資した資金120万円も日経平均株価と同じく1・6倍になっていると仮定すれば10年後には192万円となり、含み益は72万円となる。

同様の仮定で過去の日経平均の動きに合わせて次々に計算を行なえば、3年目以降の値上がり益は次のようになる。

・1年目＝180万円（120万円×2・5－120万円）

・２年目＝72万円（１２０万円×１・６−１２０万円）
・３年目＝60万円（１２０万円×１・５−１２０万円）
・４年目＝36万円（１２０万円×１・３−１２０万円）
・５年目＝48万円（１２０万円×１・４−１２０万円）
・６年目＝12万円（１２０万円×１・１−１２０万円）
・７年目＝36万円（１２０万円×１・３−１２０万円）
・８年目＝12万円（１２０万円×１・１−１２０万円）
・９年目＝マイナス６万円（１２０万円×０・９５−１２０万円）
・10年目＝マイナス12万円（１２０万円×０・９０−１２０万円）

９年目、10年目の元金は残念ながら相場の下落で値下がり損が生じてしまったが、そのマイナス分も合算した10年間の値上がり益は４３８万円となる。また毎年再投資された配当金も元金に組み入れられており、その部分にも値上がり益が生じているが、この計算はかなり煩雑になるのでここでは省略する。

こうした値上がり益はあくまで大胆な仮定を置いたうえでの計算結果だが、おおよその目安を知るうえで役に立つ。

インフレにも強い〝自分年金〟ができた！

それらを合算すると、55歳から毎月10万円（毎年120万円）を配当利回り4％の銘柄に投資した場合、定年退職を迎える65歳時点の総額は1900万円、すなわち1500万円（元本＋配当金）＋400万円以上（値上がり益）になっている。

A銘柄をすべて売却して、値上がり益（含み益）を現金化し、その現金を再び配当利回り4％の銘柄（別の銘柄でも可）に投資すれば、未来永劫、株式の配当収入（減配でもない限り）だけで月当たり6・3万円（年間76万円＝1900万円×0・04）の老後資金を稼ぎ出せる。国民基礎年金の給付額が月当たり6万円であることを考えると、もう一つ基礎年金ができる計算だ。

前述のように、平均的な老後生活（＝必要資金28万円）を送るためには、公的年金（22万円）のほかに6万円の収入が必要だ。この株式配当金の収入があれば退職後にわざわざ働かなくてすむ。しかも投資元本の1900万円は生活費として取り崩す必要はなく、自分が死んだあとは配偶者や、子供や孫への遺産として残すことができる。

しかも**株式配当による〝年金〟は、公的年金のように時の政府のさじ加減で減額される心配がない。インフレにも強い。**優良企業は原材料費や燃料費、人件費の上昇に対して製品価格やサービス料金の値上げで対応できるので利益水準の維持や拡大を図ることができる。場合によっては、配当を増やす余地が出てくるかもしれない。インフレで目減りする一方の銀行預金とは大違いだ。

ゆとりある老後生活（＝必要資金36万円）を送るためにもっと配当収入額を増やしたいのであれば、毎月10万円の積立金を、さらに12万円、15万円と上積みすればよい。老後は働かず生活費を公的年金（22万円）と株式配当金で賄おうとすれば、ひと月当たり14万円の配当収入が必要だ。そのためには、退職前までに４２００万円（＝14万円×12カ月÷０・０４）のおカネを用意しなければならない。そのためには毎月22万円以上、年間２６０万円以上の積み立て投資をしなければならない。普通のサラリーマンにはかなりハードルが高い。しかし共働き世帯なら夫婦２人で積み立て資金を分担し、積立期間を10年から15年へ広げるなどの工夫をすれば、決して手の届かない数字ではない。

逆に資金に余裕のない人は背伸びをせず３万円、５万円の積み立て投資でもオッケーだ。チリも積もれば何とかで、老後資金の十分な足しになるはずだ。

もちろんここで示したシミュレーションのように、すべてが想定どおり順調に運ぶとは限らない。

10年のあいだに投資した銘柄の株価が思わぬ経営危機で大きく値下がりし、配当が減配や無配に陥ったりするかもしれない。倒産や吸収合併で、投資した銘柄の株価が紙くず同然になっているかもしれない。だからこそ、投資対象をそうしたリスクの少ない安全な銘柄、つまり業界トップの企業に絞り込むことが必要なのである。もちろん業界のトップ企業といえども、今後予想される技術革新やグローバル化の荒波と無縁ではない。だが、下位の企業に比べれば生き残れる確率が高い。

投資の金額が大きくなれば、複数の業界トップ企業に分散投資を行なうことが可能になる。株価の値下がりや減配・無配のリスクをさらに減らすことができる。

半分は貯蓄、半分は給与から資金をねん出

問題は、50歳代で月当たり10万円、年間120万円の積み立てを10年間の長期にわた

り継続できるかである。

貯蓄額は人によってそれぞれだが、金融広報中央委員会から発表された「家計の金融行動に関する世論調査 令和４年調査結果」によると、50歳代の２人世帯の「平均貯蓄」は１２５３万円となっている。「平均貯蓄額」の中身は資料ではわからないが、そのかなりの部分が元本保証の預貯金だと思われる。

またサラリーマンなら65歳定年時に退職金がまとまって入る。

冒頭で紹介した金融庁の金融審議会 市場ワーキング・グループ報告書によれば、定年退職者の退職金は平均で１７００万〜２０００万円となっている。それからすれば、50歳代までに貯めている上記の平均貯蓄１２００万円強の一部、あるいは全部を上記のような積み立て式の株式投資へ少しずつ振り向けることは十分可能だ。将来得られる退職金の〝前倒し〟運用だと考えれば、気持ちも楽になる。

退職金の実際の支給を待って運用を始めるより、〝前倒し〟で運用を始めたほうが、パフォーマンスは格段に良くなる。運用の時間がそれだけ増えるからだ。運用の成果は、運用の金額×運用の期間の掛け算だからだ。

たとえば先の50歳代の２人世帯の「平均貯蓄」１２５３万円から毎月５万円（年間60万円）を10年間、株式投資へ振り向けたとしても、その「平均貯蓄」はまだ半分残っている。これなら安心だ。

そして、残りの5万円は月々の給料のなかからねん出するのが良いだろう。

国税庁の「令和3年度民間給与実態統計調査」によると、50～54歳の平均年収は663・6万円、女性は328・0万円となっている。55～59歳男性の平均年収は686・6万円、女性は315・5万円となっている。

厚生労働省の「賃金構造基本統計調査」では、大卒の50歳の平均年収は849万円、そのうちボーナスは233万円となっている。

これらのデータから判断するかぎり、老後資金の備えに年収の1割程度、年間60万円つまり月5万円程度は割けるはずだ。大卒者の年収なら月10万円の積み立ても不可能ではない。

以上をまとめると、

①50歳代の2人世帯の「平均貯蓄」1253万円から毎月10万円、年間120万円を10年間段階的に株式投資への積み立てに振り向ける
②50歳代の2人世帯の「平均貯蓄」1253万円から毎月5万円（年間60万円）＋毎月の給料から5万円（年間60万円）を10年間段階的に株式投資へ振り向ける

のいずれかによって、国民基礎年金の月当たり6万円に相当する、もう一つの個人年金ができあがる。そうなれば平均的な老後生活（＝必要資金28万円）を送るために、退職後も働き続ける必要はなくなる。しかも株式投資の元本は自分が死んだ後も手つかずのまま残る。

株式の配当金を原資とする「第二の年金」づくりは、普通のサラリーマンにとって決して荒唐無稽な話ではない。

新NISA（少額投資非課税制度）で大幅な節税も可能に

これまでの考察では税金の話を無視してきた。

株式の値上がり益や配当金には20％の分離課税がかかる。2014年に導入されたNISA（少額投資非課税制度）は、非課税枠や非課税投資期間に制限があるとはいえ、その20％の税金がゼロになる制度だった。

図表2-3 ◎ 旧NISAから新NISAへの移行で何が変わる?

	旧NISA(〜2023年)		新NISA(2024年〜)	
	一般NISA	つみたてNISA	成長投資枠	つみたて投資枠
制度期限	2023年末で買付終了		2024年からいつでも(恒久化)	
年間投資枠	120万円	40万円	240万円	120万円
非課税保有期間	最大5年	最大20年	無期限	
非課税保有限度額	600万円	800万円	計1,800万円(うち、成長投資枠は1,200万円まで)	
投資枠の再利用	不可		翌年から再利用可	
制度併用	いずれかを選択		併用可能	
対象年齢	18歳以上			
対象商品	上場株式・ETF 公募株式投信・REIT等	長期・積立・分散投資に適した一定の投資信託	上場株式・ETF 公募株式投信・REIT等(一部リスク性の高い商品を除く)	長期・積立・分散投資に適した一定の投資信託
買付方法	一括・積立	積立	一括・積立	積立

出所:みずほ証券

2024年1月から新たにスタートした新NISAでは、その非課税制限がさらに大きく緩和され、使い勝手が格段に良くなった（**図表2－3**）。新NISAのスタートでまさにタックス・フリー（無税）の世界が実現する。積み立て方式の長期株式投資には最適の環境が整ったといえよう。

主な改善点は次のとおりだ。

①2024年以降、NISA制度の存続期間および非課税の期間が有限から無期限になった
②旧「一般NISA」が新「成長投資枠」に、旧「つみたてNISA」が新「つみたて投資枠」に変わり、2つが併用可能になった
③非課税運用期間がそれぞれ5年、20年から無期限になった
④非課税運用枠も「成長投資枠」の年間投資上限額が年240万円（これまでは120万円）、「つみたて投資枠」の年間投資上限額が年120万円（同40万円）になった
⑤非課税保有限度額として1人が生涯使える投資枠は合計1800万円（うち、成長投資枠の上限は1200万円）となった
⑥株式などの金融商品を売ると、非課税枠が翌年から復活する（これまでは再利用不可）

新ＮＩＳＡの口座は銀行や証券会社ならどこでも開設できる。証券会社では国内外の個別株や上場投資信託（ＥＴＦ）、投資信託を購入できるが、銀行では個別株とＥＴＦは扱っていない。**「高配当利回り株投資」を行なう場合、銀行の新ＮＩＳＡ口座では取引できないので注意が必要だ。**証券会社間でも売買の手数料が異なる点も要注意だ。対面証券では人件費がかかるため手数料は高めに設定されている。

以上をまとめると、２０２４年から始まった新ＮＩＳＡでは、上場株式への投資は総額１２００万円までは、値上がり益や配当金にかかる税金がゼロになる。１２００万円を超える部分は、従来どおり20％分離課税となる。

繰り返しになるが、55歳からの年間１２０万円（毎月10万円）の株式投資で第二の〝年金〟をつくろうとする場合、この新ＮＩＳＡを使えば大幅な節税が可能になる。本書で示した事例が現実の世界でもそのまま実現する。

第2章のまとめ

・老後資金の不足対策その②＝資産運用で稼ぐ。定年退職の10年前から老後資金の原資を蓄え、それを運用して退職後は月８万円稼げるようにする。
・60、70、80歳代になっても50歳代と同じような、あるいはそれ以上の積極的な資産運用に取り組む必要がある。
・資産運用で月８万円稼ぐには株式投資が有力な手段。株式投資では「値上がり益」ではなく「高配当利回り」を狙う。
・55歳から毎年１２０万円（毎月10万円）を配当利回り４％の銘柄に投資すると、10年後の退職時には合計約１５００万円に達するシミュレーションの結果がある。
・必要資金の半分は貯蓄の取り崩し、半分は給与からねん出すれば、「年間１２０万円の株式積み立て投資を10年間継続する」ことは可能だ。

第 3 章

そもそも株式投資の基本スタンスとは?

INVESTING FOR
"HIGH DIVIDEND YIELD"
WILL LAST A LONG TIME

○相場センスは個別の銘柄で磨かれる

私は個人の資産運用で中心に据えるべきは、投資信託や上場投資信託（ETF）、外国為替などではなく、個別の株式だと考えている。

投資信託は組み入れた銘柄の〝平均的な〟値上がり益や配当金しか得られないのに対し、個別の株式は銘柄の選択や購入するタイミングさえ誤らなければ、〝高い〟リターンを手にすることができる。

それに株式投資には、配当金や値上がり益以外にいくつかの有利な点がある。

まずビジネスパーソン、社会人、生活人として経験豊富な個人投資家は、自分の経験や肌感覚で、成長性の豊かな企業（社会に貢献することで収益を上げる企業）を見つけ出すことができる。そして、直接その企業の成長を応援しながら、自らの資産を形成することができる。

アクティブ型の投資信託の場合は、プロの運用者が投資目的に従って有望銘柄の束

（ポートフォリオ）をつくり、日経平均などのベンチマーク（比較対象）を上回る高いリターンを目指してくれる。しかし、それはあくまで他人任せだ。それでは個人として企業を見る目や、売買タイミングに対する皮膚感覚（相場観）などがいつまでたっても身につかない。磨かれない。長期投資のスタイルも身につかない。

人間が幸せを感じるのは学習、成長、達成感、感動などの瞬間だ。シニア世代にとって、株式投資はそうした機会を提供してくれるはずだ。

長期投資では素人の勘が生きる

少し自慢話になるかもしれないが、私はロシアのプーチン大統領が2022年2月にウクライナ侵攻を始める数年前、原油価格がまだ1バレル50ドル台で低迷していたときに商社株を購入した。その当時は知らなかったが、「投資の神様」といわれるウォーレン・バフェットも同じ時期に三菱商事や三井物産、伊藤忠商事などの大手商社株を秘かに取得し、買い増しを続けていた。それによって大手商社株が軒並み暴騰したことは有名な話だ。

私の経験からすると、原油や石炭など化石燃料の需要は地球温暖化対策の強化で長期的な減少傾向にあるが、当時の原油相場の下落はその傾向線から外れた異常な安値の水準にあった。これはかならず揺り戻しがくると確信したのが、購入の動機だった。株式、債券、原油などの相場では、売られ過ぎたり、買われ過ぎたりすれば、その後に必ず大きな反動がくる。相場には上下いずれの方向にせよ、一時的にオーバーシュート（理屈では説明のつかない動き）が付き物だ。そのオーバーラン（行き過ぎ）こそが、儲けのチャンスなのである。私はそこで自分の相場観を信じて、高配当利回りで、原油や非鉄、原料石炭などの取り扱いが多く資源株の異名をとる商社株を購入した。

同じく高配当利回りのトヨタ自動車株も購入した。

将来、自動車は従来のガソリン・エンジン車から電動車（ＥＶ車）に置き換わり、自動車自体がコモディティ化する（機能や品質の面で差がなくなってしまう）。自動車業界はいずれ電機業界のように中国など新興国の追い上げで衰退が避けられない、とする特集や記事が新聞や週刊誌に氾濫していた。その結果、トヨタを含む自動車組み立てメーカーや自動車部品メーカーの株価は大きく売り込まれていた。

しかし冷静に考えると、ガソリン・エンジンから電気モーターへ自動車の動力源が瞬時にすべて置き換わるわけではない。世の中の車がすべてＥＶ車になるには、かなりの時間が必要だ。当時の自動車関連企業の株価は、トヨタやホンダの業績がいまにも大幅な減益に陥りそうなときの水準であり、あまりに売られ過ぎだと思ったのだ。

案の定、トヨタやホンダの業績はその後も順調に拡大を続け、自動車関連株は再び息を吹き返した。株価は時代を先見すると言われるが、それは１～２年の長い時間で見た場合であって、私の経験では数週間、数カ月の短期では時代を読み間違えることが多い。それは短期で株を売買する人が、数年先の企業の業績がどうなるかなどを考えて売買しているとは限らないからだ。

また黒田東彦前日銀総裁が２０２３年に任期満了になる前から異常な超低金利時代はまもなく終わると予想して、私は高配当利回りの銀行株もこつこつ買い集め始めた。

銀行は金利の上昇局面では、貸出金利が預金金利よりも先に上昇に転じることから、利益が急速に拡大する。銀行にとって貸出金利は売上サービスの価格であり、預金金利は原材料の仕入れ価格に当たる。銀行の株価もそれを予想して、実際に異常な低金利が是正される前から上昇に転じた。

私がここで言いたいのは、自分のこれまでの投資成果を自慢することではない。**ビジネスや人生のさまざまな経験を持っているシニアは、株式投資においても健全な常識や**

知恵をいっぱい持っており、成功する確率が高いということだ。健全な常識や知恵は、短期の相場には通用しないが、長期の相場では大きな強みを発揮する。株価は長期的には健全な常識や知恵の方向に沿って動くからである。

◎どのようなときに投資信託を活用すべきか

投資信託はプロに運用を任せる分だけ安心（ローリスク）だが、信託報酬率が高い。そのためローリターンとなりがちだ。とくに、アクティブ運用（目安となる指数＝ベンチマークを上回る成績を目指す）では、膨大な調査・研究が必要になるため信託報酬率を高めに設定しないとコストが回収できない。しかも、膨大な調査・研究を行なったからといって、高い成績をあげられる保証はなく、結果的にローリターン、下手をすればゼロリターン、マイナスリターンになってしまう場合もある。

一方、株式投資の場合、シニア世代は長年の人生経験や肌感覚で、成長性の豊かな企業（社会に貢献することで収益を上げる企業）を自分で見つけ出すことができる。そして、その企業の成長を温かく見守りながら自らの資産を形成できる楽しみがある。

自分で銘柄を選別する分だけ当たりハズレもあるが（ハイリスク）、当たればリターンは高くなる。しかもこれから述べるような「安全運用の鉄則」を順守すれば、個人投資家が自分で銘柄を選別しても決してハイリスクになることはない。

ただし**私にとって投資信託でなければならないときがある。自分の経験や勘がまったく通用しない〝異次元〟の分野へ投資する場合だ。**

私は今後十数年、長期的なドル高円安や、日本株よりも米国株のほうが相対的に良好なパフォーマンスが期待できると思っていて、総資産（大した金額ではないが）の一部をドル資産に振り向けることを検討してきた。そこで注目したのが、２０２４年は米国の大統領選挙の年という点だ。

経験則では、選挙の前年は米国の株価がかなりの確率で上昇する。これが株価のポリティカルサイクル（政治循環）といわれるものだ。ところが、２０２３年は米国の中央銀行に当たる連邦準備制度理事会（ＦＲＢ）がインフレ退治で２０２２年3月に始めた利上げを年間通じて継続したため、株価の上昇は中途半端な形で終わった。その結果、株価の政治循環の山が大統領選挙の本番の年へ先送りされた可能性が高い。

しかもその条件はかなり整ってきた。

2024年は、FRBの過去1年半に及ぶ利上げは最終局面に差し掛かり、今後は景気の冷やし過ぎを避けるために一転、緩和の方向に向かうはずだ。執筆の時点では2024年には少なくとも3回の利下げがあるとの観測が強まっている。金融緩和は株価にとって頼もしい追い風となる。

そこで一念発起、アマゾンやアップル、マイクロソフト、アルファベット（グーグルの親会社）、X（旧ツイッター）、エヌビディア、テスラなどIT分野で有名な大手企業を購入しようと思ったが、どうすれば購入できるのかわからない。買ったとしても、その後のフォローアップが大変そうだ。

毎日、米ウォールストリート・ジャーナル（米国の有力な経済新聞）を読み、ネット情報をチェックするわけにはいかないので、企業情報を断片的にしか得られない。日本の新聞でも時々これら大手IT企業の動静は伝えられるが、後追いである場合が多い。記者の関心も、投資家としての目線よりも、政治的、社会的な切り口が多い。これでは業績や株価が良い方向へ向かっているのか判断できない。

こうしたことで個別銘柄にまでなかなか手が出せないでいたとき、銀行の担当者から米国の株価指数連動型（パッシブ運用）で人気の投資信託があることを教えてもらった。これは米国のS&P500指数やNASDAQ総合指数の動きに連動する投資信託だ。しかも購入時の取引手数料はなく、年間の信託報酬率も他と比べて割安だった。

私の投資の狙いは、強いドルと米国ＩＴ企業の成長性を買うということであって、とくに特定の銘柄に関心があるわけではなかった。何としてもアマゾンが欲しい、アップルを買いたいという個別の銘柄へのこだわりはなかった。そうした投資目的には、インデックス運用の投資信託は打ってつけだった。さっそく試しに4回の積み立て方式で購入してみることにした。

ちなみに米国のＳ＆Ｐ５００指数はＦＲＢの利上げ〝終了宣言〟をうけて、23年末以降、順調な上昇を続けている。私の購入した投資信託も連動して上昇している。

安全運用の鉄則

株式投資における安全運転（＝運用）の鉄則は、

①長期投資

②分散投資
③自己資金（＝しかも生活資金以外の資金）

の3つである。

この原則を守り続けている限り大きな痛手を被る恐れはまずない。

裏をかえせば、これらの正反対、つまり短期売買、集中投資（銘柄や売買の時期など）、借金投資（信用取引）は、絶対にやってはいけない。

まず**株式投資で成功を収める第一の秘訣は、長期投資に徹することだ。個人投資家にとって高いパフォーマンス**（値上がり益と配当金の合計）**を得る「最大の武器」は「時間」であり、自分の身を守る**（損をしない）**「最大の防具」もまた「時間」である。**

証券会社のディーラー（自己売買部門の担当者）、投資信託や大手ヘッジファンドの運用担当者（ファンドマネジャー）は、大切な顧客のため、あるいは自分自身のために、四半期、半年、1年ごとに高い運用成績を上げなければならない。だから彼らの投資手法は、短期間で値上がりしそうな銘柄を探し出して効率よく売買を繰り返す短期投資となる。

ディーラーやファンドマネジャーなど相場のプロは、運用に失敗すれば、自分が所属する組織や、その組織の顧客に多大な迷惑をかける。それだけでなく、自分自身のクビが飛ぶ。生活が危うくなる。彼らは、目先の値上がり益ばかりを追うことに必死になる。

こうした短期投資を、私たちは決して真似してはいけない。

個人投資家には彼らのような大量の企業情報を短期集中的に集め分析する人もカネも組織もない。私たちにあるのは時間だけだ。相場に勝つには、時間を味方につけるしかない。時間を味方につけるとは、何事もあせらず安全運転、長期の視点で投資に臨むことだ。

「長期に持てば必ず儲かるという保証はない」という盲説

もちろん「株式を長期に保有すれば必ず儲かるという保証はない」という反論があることは百も承知している。

個人投資家は経済や相場の知識が浅いためにバイ・アンド・ホールド（買ってそのまま保有する投資手法）こそが正しい手法だという意見に魅かれる。右肩上がりの株式相場を見れば安心、安全だという都市伝説を鵜呑みにしてしまう、というのだ。

その根拠に挙げるのが、1987～2016年の日経平均株価の推移だ（**図表3－1**）。同期間は株価のバブル形成と破裂、その後20年間の株価低迷の過程を示している。1989年12月29日の史上最高値の前後で株を購入した人は、この原稿を書いている2024年1月初旬の時点でも株価が買値を上回っていない。金融のプロの世界においても時々語られる言説だ。

この理屈からすれば、たしかに株式は「長期に持っていても儲からなかった」といえるかもしれない。

しかし、こうした見方は当を得ていない。

まず、そもそも日経平均はハイテクの

図表3-1 ◎ 日経平均株価の推移（月末終値）

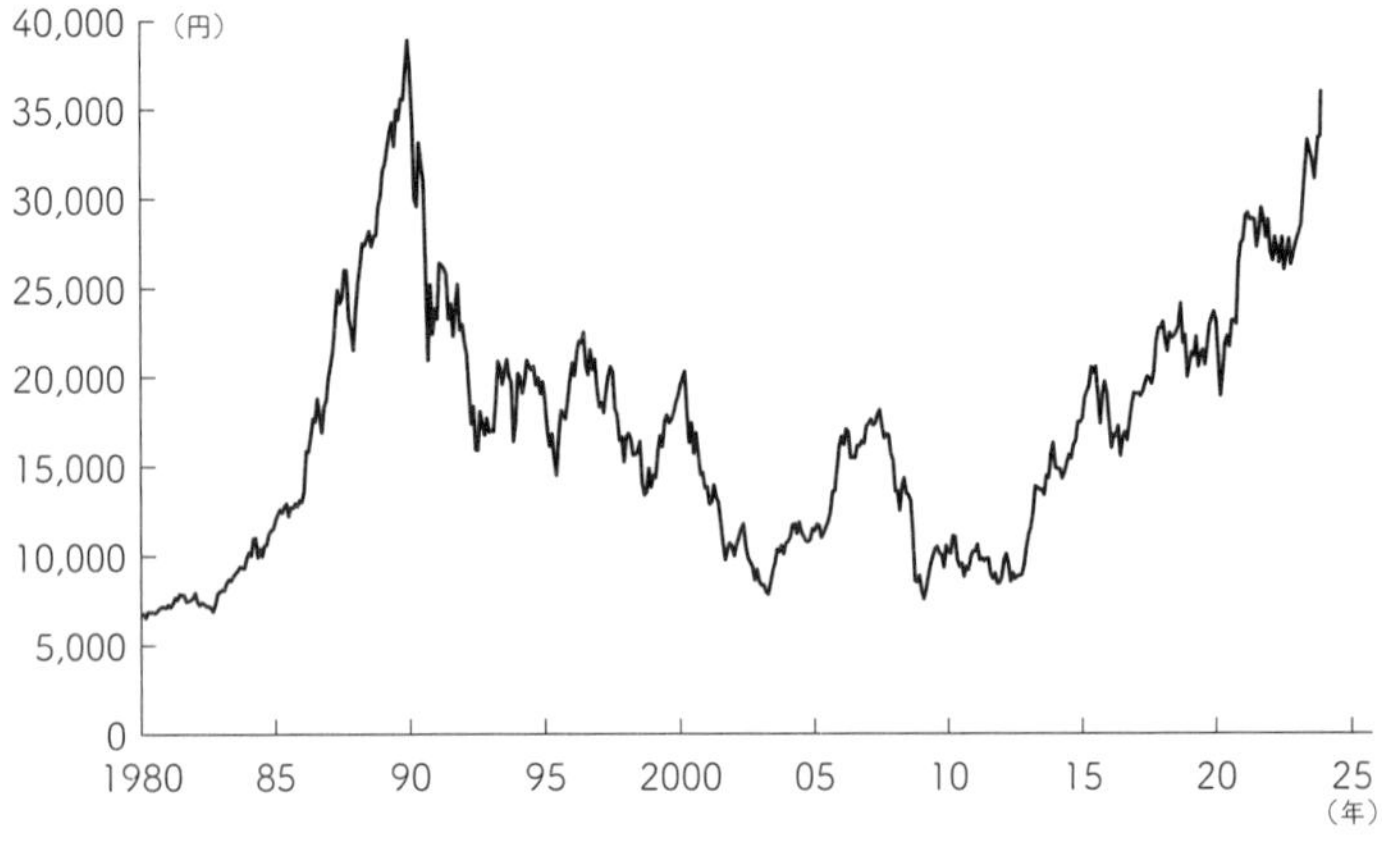

成長株が中心の株価指数であり、本書で推奨する業況トップ企業の割安株は、こうした株価指数とは異なる変動をしたものもある。個人投資家が生涯で買える株はせいぜい十数銘柄であり、そのパフォーマンスを株価指数全体の動きで議論するのはミスリードである。

第二に「儲かる、儲からない」の基準が間違っている。

懐疑論者は値上がり益を判断基準にしているが、本書で推奨する投資手法は、老後の生活資金を補充するために、高配当利回りを獲得することを狙っている。値上がり益はあくまで〝ボーナス〟との位置づけだ。

配当の利回りが預貯金など他の競合商品を上回っていれば「儲かっている」と判断するのが妥当である。もし他の競合商品が配当利回りを上回っているのであれば、株式投資は見合わせる。老後の生活資金の補充は他の金融商品に任せるべきだ。

もちろん株式投資なのだから値上がり益という〝ボーナス〟があるに越したことはないが、それがないからと言って失敗と決めつけるのは間違っている。「儲かる、儲からない」はあくまで相対的な判断だ。万一、値下がり損が生じた場合は、墓場まで持っていけばよい。家族に遺産相続すれば、喜ばれることはあっても恨まれることはない。

最後の理由は分散投資という考えを無視していることだ。

「長期投資は儲からない」のは、バブルのピークに株をまとめ買いした〝極端な〟人の場合である。こういうことが起きないように、本書では買いのタイミングを散らす分散投資を推奨している。たとえ株価が下落していたとしても、一定の間隔で少しずつ買い増していけば、平均の買いコストが下がる。その間に、高利回りの配当金が入っているのであるから問題はない。

読者は「長期に持てば必ず儲かるという保証はない」という危うい考えに惑わされて、くれぐれも短期売買に走ることのないようにしていただきたい。

個人投資家は株式ディーラーではない

証券会社のディーラーの名誉のために言えば、彼らはたんに「切った、張った」が好きなギャンブラーの集団ではない。株式市場において「流動性を供給する」という立派な機能を果たしている。

彼らが短期的な相場観に基づいて株式を売買しているからこそ、個人投資家や機関投資家はいつでも好きなときに好きな量だけ売ったり買ったりできる。市場において売買がいつでも成立することを、専門用語では「流動性が高い市場」という。

その意味で、彼らは株式市場において不可欠な存在なのである。

彼らのような短期投資家（投機家？）は、配当金よりも値上がり益を重視する。彼らはたんに流動性を提供するだけでなく、その売買の過程で上手に売買益を上げることができれば会社内での評価が高まり給料やボーナスが増える。配当金は1年に2～4回しか投資対象の会社から支給されず、配当利回り（配当金÷株価）は1～2％が一般的だ。それに対して、値上がり益は当たれば数十％もの高収益率が期待できる。したがって、彼らは配当金よりも値上がり益を重視する。

彼らが「いの一番」に望むのは、購入してから数年後に値上がりする銘柄ではなく、四半期後、半年後に大きく値上がりして、タイミングよく利食うことのできる銘柄だ。会社の業績への貢献度が明確になり、給与やボーナスに反映されやすいからだ。

つまり証券会社のディーラーは無配銘柄や株価が長期下落トレンドの銘柄でも割安で商機だと思えば買うが、長期の利益最大化を目指す個人の投資家はいくら割安だといってもそのような銘柄には手を出すべきでない。ディーラーは割安だという予測が外れた場合はすぐに損切りに転じることができるが、個人投資家は〝個人営業〟で、四六時中、相場を見ているわけではないので損切りのタイミングが遅れてしまう。致命傷になってしまうことが多い。「君子危うきに近寄らず」が、いちばん賢いやり方だ。

新聞や雑誌は証券会社のディーラーやストラテジストなどの相場観を掲載することが多い。だが、彼らの相場見直しはそうした短期の視点がベースになっている。個人投資家がそれをまねて売買すると、大きな火傷を被ることがある。

◎個人が「美人投票」に熱中すると大やけどする

イギリスの有名な経済学者であるジョン・M・ケインズは「株式投資は美人投票のようなものだ」という名言を残している。株式市場は美人投票の優勝者を予測するのと同じで、誰が優勝するかを言い当てるためには、〝自分〟が最も美人だと思う人ではなく、〝みんな〟が最も美人だと思う人を予測しなければならない、ということを意味したものだ。

つまり株式投資のプロたちは、短期で大きく値上がりする銘柄（誰が優勝するか）を当てるために、自分が値上がりすると思った銘柄（自分が美人だと思う人）を選ぶのではなく、みんなが値上がりすると思っている銘柄（みんなが美人だと思う人）を選ぶということだ。

プロの世界では「自分の判断」ではなく、「みんなの判断」が優先される。自分では値上がりするとは思えなくても、みんなが値上がりすると思っている株を買えば、かなりの確率で短期的に儲けることができる。「みんなの判断」が結果的に間違っていたとしても（つまり予想に反して業績が悪化し、将来の成長性に陰りがさしたとしても）、みんなの買いが集中すれば株価が上昇するからだ。

しかし、こうした「みんなの判断」は幻影で空疎である場合が多い。みんながお互いに「みんながそう判断している」と勝手に想像しているだけで、本当はそうでないかもしれない。美人でない人を美人だと言っているだけかもしれない。そうした〝推測だけの相場〟では、できるだけ早く仕込んで（買って）、早く降りる（売る）という機敏さが儲けのカギとなる。だからプロはそうしている。

そんな危ない賭けに、個人投資家は手を出すべきではない。重要なことなので何度も繰り返したい。個人投資家はプロの投資家に比べて「みんなの判断」に関する情報をたくさん集めることができない。情報収集にかけられるおカネや時間に限りがある。その結果、遅く（高く）買って、遅く（安く）売ることになりがちだ。

こうしたプロ専用の「美人投票」相場に個人が手を出したら、大やけどすることは確実だ。

大手新聞の経済面や経済誌、投資専門誌で紹介される分析記事やインタビュー記事は、こうしたプロ向けの「美人投票」に関連するものが多い。それを読めば、他の投票参加者が誰を美人と思っているかがわかるからだ。しかし相場のプロには有益な話であっても美人投票に参加しない個人投資家には、無駄な情報、むしろ危ない情報であることが多い。軽く読み流すだけで十分だ。

株式投資は情報戦だといわれる。それは相場のプロ同士の空中戦の話であって、私たち個人投資家がすべき戦いはもっとシンプルで地味なものだと思っている。基本的な武装は、経済や企業評価の基礎知識、それに売買の基本さえ押さえておけば十分だ。リアルタイムチャートや情報が即時に流れる端末を何台も設置して、自宅の書斎を証券会社のディーリングルームのように改装する必要はまったくない。

株式投資の評論家やメディアまでが、個人投資家に対して「美人投票」的な投資はダメだと戒めないのは、それなりの理由がある。個人投資家が配当狙いの長期投資に徹したら、彼らの商売が干上がってしまうからだ。

株式投資の評論家は講演の回数が減り、メディアでは書籍や雑誌の売れ行きが悪くなる。彼らは目先的な「値上がり銘柄」情報を出し、短期的な売買を推奨することで、自分たちの生計を立てている。

個人投資家で目先的な「値上がり銘柄」を追い求める熱意と時間と暇があるのであれば、同じだけの時間と熱量を「高配当利回りの優良銘柄」の発掘に投じるべきだ。それでも時間が余るようなら、大好きな趣味や社会貢献のボランティア活動に従事して欲しい。値上がり益だけを追求するのは、競馬や競輪などのギャンブルと同じだ。時間を消費しているだけだ。それではいくらお金を投じても老後の生活資金は貯まらない。

重要なので繰り返すが、私たちはこうした相場のプロたちの主戦場である短期売買に手を染めてはいけない。カモにされるだけだ。一時的にはビギナーズラック（初心者の幸運）で儲けることはあっても、2～3年も短期売買を続ければ元本が半分になっていたということは、往々にしてある話だ。

私の古い友人たちも、定年退職後の数年間はネット証券の信用取引で毎月5万～10万円程度は小遣い稼ぎをしていると自慢たっぷりの話をしていたが、しばらくすると株式取引の話をまったくしなくなるケースが多い。

上昇すれば喜び、下落すれば忘れる

個人投資家に短期の投資を継続する力はないが、長い時間をかける長期投資なら勝負できる。プロと同じくらい、あるいはそれ以上のパフォーマンスをあげることもできる。なぜなら長期投資は短期取引とはまったく異なる〝ゲームのルール〟が適用されるからだ。

たとえば、1週間の単位で最も気温が高い日と最も気温が低い日を言い当てることはむずかしい。だが、1年間なら最も気温が高い月と最も気温が低い月を言い当てることができる。1週間の場合は気象衛星を打ち上げ、大気の流れなど気象予報に関する専門的な知識を勉強しなければならないが、1年間の場合、私たちは常識として春夏秋冬が巡ってくることを知っている。さらに過去の年間平均気温をネットで簡単に調べることができる。そうした準備だけでほぼ正確に予測できる。

株式投資もこれと同じだ。

短期取引では目先の情報収集のために費やすヒト、モノ、カネの多寡が決め手になる。長期取引ではそれよりも時間と基礎知識（情報とは異なる）が大きな武器になる。１００メートル競争では瞬発力が勝敗を決するが、マラソン競争では持久力が重要になってくるのと同じだ。

株式市場では、年間単位だけでなく長期的にも立派な業績をあげている銘柄でも、数週間や数カ月といった短い期間では値下がりすることがよくある。一時的な売り注文が集中したのかもしれないし、海外の投資家が自国市場での赤字を補填するために日本株を売って利益を出したのかもしれない。期末に配当権利落ちで値下がりする場合もある。これらは相場のアヤというものだ。しかし2〜3年といった比較的長い期間で見れば、好業績銘柄の株価は確実に右肩上がりになっているはずだ。

長期の個人投資家は、株価が上昇すれば素直に喜び、下落すればしばらく忘れることだと前に書いた。それが原則だ。世の中では「ほったらかし投資」という言葉が流行っている。その心は「（きちんとした銘柄を買っておけば）そのうちに株価は必ず上昇に転じてくる」ということだ。つまり、長期投資家には「そのうち」という時間の経過が味方になってくれる。

もっと正確に言えば、トヨタ自動車のような日本を代表する超一流企業であれば、５

〜10年の長期の時間軸をとれば、必ず買値を大きく上回る局面が到来する。日本の超一流の大企業であれば、景気変動によって一時的な浮き沈みはあっても長期的には日本だけでなく米国や中国など世界の経済成長を取り込んで確実に業績を伸ばすことができる。

政府も株高を〝支援〟している

さらに言えば、政府が長期的に株高を〝支援〟している。

政府の「資産所得倍増プラン」（**図表3－2**）では、①NISA（少額投資非課税制度）の抜本的拡充や恒久化、②個人型確定拠出年金（iDeCo）制度の改革、③中立的で信頼できるアドバイスの提供、④雇用者に対する資産形成の強化、⑤金融経済教育の充実、⑥国際金融センターの実現、⑦顧客本位の業務運営の確保などが大きな柱となっている。

さらに2023年秋からは岸田文雄首相の肝いりで「資産運用立国」を実現する改革プランの策定にむけた2つの会議が動き出した。1つは新しい資本主義実現会議の下での「資産運用立国分科会」、もう1つは金融庁での金融審議会「資産運用に関するタスクフォース」だ。

「資産運用立国」とは、2023年6月に閣議決定された「骨太方針2023」にて実現を目指すと宣言された政府の方針だ。2000兆円の家計金融資産を開放し、持続的成長に貢献する「資産運用立国」を実現すると明記されている。家計の預貯金を投資に振り向けるための運用会社の強化や法的整備、運用関連の人材の整備などを目標にしている。

いずれも、個人の家計の資金を成長投資につなげ、その恩恵を家計に及ぼし、成長と分配の好循環を実現することが狙いだ。

株式投資関連でとくに注目されているのが、NISAの拡充だ(第2章を参照)。

図表3-2 ◎ 日本政府の資産所得倍増プランの概要

◎わが国の家計金融資産の半分以上を占める現預金を投資につなげることで、持続的な企業価値向上の恩恵が資産所得の拡大という形で家計にも及ぶ「成長と資産所得の好循環」を実現させる。

◎目標

・5年間で、NISA総口座数(一般・つみたて)の倍増(1700万から3400万)、NISA買付額の倍増(28兆円から56兆円)
・その後、家計による投資額(株式・投資信託・債券等の合計残高)の倍増を目指す。これらの目標の達成を通じて、長期的な目標として資産運用収入そのものの倍増も見据える。

２０２３年の法改正によって、２０２４年1月1日から新ＮＩＳＡがスタートしたことはすでに触れた。新制度の狙いは「家計の安定的な資産形成」であり、株式や投資信託の利益に対する税の優遇措置がこれまで以上に充実されることになった。

たとえば年３６０万円までなら、株式や投資信託を無課税で運用できる。この新ＮＩＳＡの口座には生涯で投資マネーを最大１８００万円まで投入することができる。これまでのＮＩＳＡでは投資期間限定だったうえ、投入できる投資資金の金額も少なかった。今後は使い勝手が格段に良くなる。

たとえば老後資金をつくるため年間60万円（月５万円）なら、30年間非課税で積み立て投資をすることができる。年間１２０万円（月10万円）なら15年間無税で運用が可能になる。また株式の保有で受け取る配当金は、通常は20％の分離課税分が源泉徴収されるが、この制度では無税になる。

高配当利回り銘柄への長期投資には、理想的な〝受け皿〟ができたことになる。

こうした政策によって個人の長期マネーが安定的に株式市場に向かえば、株価が上がる。株価が上がれば個人のマネーはさらに流入するという好循環が生まれる。

政府はまたＧＰＩＦ（年金積立金管理運用独立行政法人）を通じて私たちの大切な公的年金の管理・運用を行なっている。直近では資金の24・5％（約54兆９０００億円、２０２３年9月末）

が国内の株式で運用されている。また日本銀行は異次元金融緩和の一環としてＥＴＦを買い続け、現在の保有額は３月末の時価で53兆円にも達している。

もし株価が長期に下落を続ければ、公的年金の財政は窮迫する。日銀では株式の評価損（含み損）を毎年度の決算に反映しなくて良いことになっているが、もし何らかの事情で大量に売却せざるを得なくなれば、最悪、経常赤字や債務超過などの事態を招き、国庫納付金の減少や公的資金の注入といった政治問題に発展する可能性がある。外国為替市場では円が米ドルなどの主要国通貨に対して暴落する可能性がある。政府・日銀は株式相場が長期にわたり堅調に推移してもらわなければ困るのである。

さらに言えば、新ＮＩＳＡによって長期の株式投資（資産形成）を始める個人が増えれば、政府はますます株価を意識せざるを得なくなる。米国では直接の株式購入だけでなく投資信託を通じて株式を保有している人が多いので、株価の上昇や下落がストレートに個人家計の財布を直撃する。株価が活況であれば個人の懐は豊かになって個人消費は大きく拡大する。景気拡大↓企業業績拡大↓株価の再上昇という好循環が生まれる。

逆に株価が不調であれば、政権の支持率が低迷する。政府の経済政策が失敗していると評価される。米国で４年に１度、株価のポリティカル・サイクル（大統領選挙の年の前後に株価が高くなる）が訪れるのは、このためだ。

日本でも新ＮＩＳＡによって株式を保有する個人が増えれば、政府は株価を意識した政策や政権運営をしなければならなくなる。年金財政の窮迫という事情だけでなく、支持率の維持という政治的な配慮からも、株価を意識せざるを得なくなる。

以上をまとめると、政府は自ら率先して株高を促進しないと国民の期待を大きく裏切る結果になる。

◎東証もＰＢＲ１倍割れ企業に「喝！」

政府だけでなく東京証券取引所（東証）も株価の底上げに動き出している。これも長期投資の個人投資家にとっては追い風だ。

東証は２０２３年３月末に、ＰＢＲ（株価純資産倍率、株価÷１株純資産）の低迷する上場企業に対して改善策を開示・実行するよう要請した。この要請を受けて、株式市場では低ＰＢＲ企業がいよいよ資本効率や収益性の改善に本腰を入れるのではないかとの思惑から、高配当銘柄や割安株の動きが以前に増して活発になっている。

東証によれば、日本の代表的な企業で構成される「東証株価指数（TOPIX）500」でPBRが1倍を下回っている企業は40％以上（2022年7月時点）に達しているが、アメリカのS&P500種株価指数の採用銘柄では5％にすぎない。これは、当該企業の収益性または成長性が市場から評価されていないということだ。今回の要請の最大の狙いは、そうした企業の経営者に対して企業価値の向上によって株価を上昇させることにもっと努力するよう促すことにある。

企業評価の指標は数多くあるが、そのなかでPBRが名指しされたのは、それがわかりやすいからだ。PBRは株価を会計上の解散価値（純資産）で割り算したもので、その数値が1を割っているのは株価が本来の企業価値を下回っていることを意味する。実質的に倒産しているのと同じだ。米国であればそうした企業はすぐに買収されて、経営者は無能の烙印を押され追放されてしまう。

投資家の立場からすれば、割安であることはお得な買い物ということになるが、それが常態化すれば値上がりの魅力がないボロ株と同じだ。純資産のどこかが大きく棄損していて、それが粉飾決算で隠されているだけではないかと疑われても仕方がない。

東証では具体的な改善策として一過性の対策ではなく、持続的な成長に向けた収益強化策、たとえば成長分野への積極的な投資や事業の「選択と集中」などを期待しているが、持続的な成長に向けた収益強化策などは一朝一夕になるものではない。とはいえ、私の印象ではPBR1倍割れ企業では東証の要請を非常に真摯に受け止めているところが多く、当面は自社株買いや株主還元策の充実から取り組んでいる。

自社株買いが増えれば市場に流通する株式数が減って1株利益が増加し、株価には上昇圧力となる。株主還元策では配当が増える可能性が高まる。成長分野への投資や事業の「選択と集中」に持続的に取り組めば、長期的な株高が実現する。

東証のPBR改善要請は本書が提唱する高配当利回り銘柄投資の〝露払い〟になっている。

◯長期投資と分散投資でリスク回避

株式投資で成功を収める第2の秘訣は分散投資である。

分散投資とは銘柄だけでなく売買の時期や売買の価格、量などを分散することで、さまざまなリスクを回避する手法だ。

たとえば200万円の資金がある場合、1つの銘柄に集中投資するよりは、複数の銘柄に分けて投資したほうがリスク分散の点では有利だ。ある銘柄が下がっても、別の銘柄が順調に上昇していれば、毎年、全体として良好なパフォーマンスを維持できる。

株の売り買いのタイミングに迷った場合は、売買の時期を分散することでリスクを減らすことができる。数回に分けて買ったり、売ったりすることで、購入の平均単価を引き下げたり、売却の平均単価を引き上げたりすることができる。

私の実感だが、株式投資を始めたばかりの頃、まとまった利益が乗ったのでうれしくなって売却しようとしたところ、いつ売るべきかその決断がなかなかつかなかった。欲の皮が突っ張った話だが、できるだけ株価のピークで売りたいと思って待ち構えていると、株価は反対にどんどん値下がりしてしまう。株価が再び上昇してきても、また欲の皮が突っ張ってきて売りのタイミングを失してしまう。

そうした優柔不断な私を見かねたのか、証券会社の担当者が「とりあえず持ち株の半分を売ったらどうですか。売却後に株価が上昇してもまだ半分持っているのだから、後悔はしないですよ」と助言してくれた。それで気持ちが楽になって無事に利食うことができた。こうした売買の感覚は実際に体験してみないとわからない。

いずれにせよ、こうした**分散化の手法は四半期、半年の利益にはとらわれない長期の**

投資だからできる話だ。

株式投資で成功を収める第3の秘訣は、投資資金は自己資金、しかも生活資金などではない遊休の資金であることだ。これはとくに重要だ。

株価が予想以上に長く低迷を余儀なくされた場合、購入資金が借金（信用取引）であれば大幅な損失を被る。信用取引では一定の期日以内に反対売買して取引を清算（終了）しなければならない。時価が買値を下回ったまま清算をせざるを得なくなったら、当然、大きな売却損が発生する。ところが購入原資が余裕資金による長期投資であれば、そのまま保持し続けても損失を回避することができる。当たり前の話だ。

投資先が日本を代表する優良企業であれば一時的に株価が値を崩したとしても、5～10年の長いスパンをとれば必ず買値を上回る局面が訪れる。遊休資金であれば早急に売却する必要がないので、株価が回復するまで気長に待てばよい。

繰り返しになるが、個人投資家が成功するための唯一の武器は「時間」だ。「時間」を手に入れるには長期投資しかない。ヒト、モノ、カネのない個人投資家が、プロまがいの短期投資を行なうのは自殺行為である。

配当金狙いで地味に長く保有する

さらに付け加えれば、長期投資を続けていくうえで大切な点がある。それは**短期的に相場が大きく下落したときに、我慢して含み損を抱えたまま保持し続けられる心理的な支えを持っておくことだ。これさえあれば長期投資は成功したのも同然だ。**

株価が急落したり数カ月も低迷したりすれば、人情として見るのもいやになって、すぐに株を売却したくなる。そうした一時的な衝動にかられて売買を続けていたら、良好なパフォーマンスをあげることはできない。

何事もそうだが、継続は力なり。継続には楽しく続けられる「仕掛け」や「演出」が必要だ。株式投資でも成果を上げるためには、継続が欠かせない。株価は四六時中、上昇しているわけではない。晴れの日もあれば雨の日もある。一時的に株価が下がっても、株を持ち続ける仕掛けがあると気が楽だ。

雨の日をどう過ごすか。

それには、投資の第一の目的を値上がり益ではなく、配当金にすることだ。配当のことだけを考える。そうすれば投資は楽しく継続できる。「値上がり益」は主目的ではないから、増えなくてもそれほど気にならない。究極の姿は、忘れてしまうことだ。買った値段も忘れてしまえばよい。買った値段を忘れてしまえば、値上がり益も、値下がり損も気にならなくなる。それで煩悩から解放される。株価をチェックする時間があれば、その時間を学び直しのための勉強や読書に回してもらいたい。

そして1カ月後に何かの拍子で株価が目に留まって、買値を思い出して、値上がり益が生じていれば「ラッキー」という程度の位置づけでよい。そのときでも値下がり損が続いていれば、平均単価を下げるための絶好の買い場が到来したという具合に考えるくらいの余裕を持ちたい。これで配当金額がまた増えたと喜べばいい。そのほうが、株式投資のマイナスの副作用を最小限に抑えることができる。

ファイナンシャルプランナーの深野康彦氏（ファイナンシャルリサーチ代表）も、東洋経済オンライン（23年10月23日配信）の記事で〝雌鶏（めんどり）投資〟を勧めている。

雌鶏を飼う人の主な目的は、鶏の肉でなく、雌鶏が毎日産んでくれる卵を食べることだ。株式投資も同様で、頻繁に株式を売買しなくても毎年定期的に支払われる「配当金」を得ながら、あわよくば売買益も期待できるというスタイルである。この投資の大きな利点は長期間の保有によって、元本割れリスク＝値下がりへの耐性を高められることだ。そして、雌鶏投資においては、1円でも安く雌鶏（銘柄）を仕込むことが高収益のカギになると、市場全体が調整局面のときに仕込むことを勧めている。

私もまったく同感だ。**配当金は、私たちと長期投資を結びつけてくれる鎹（かすがい）なのである。**

○二兎を追う者は一兎をも得ず

インターネット上の金融情報サイト「THE GOLD ONLINE」でファイナンシャルプランナーの牧元拓也氏（株式会社日本金融教育センター）が連載している記事で「退職金3000万円をつぎ込んで『高配当株投資』を始めた65歳男性の末路」という穏やかでないタイトルが目に止まった。

この男性はなぜ、高配当株投資に失敗したのか。この記事を読んで私が考えた失敗の教訓は、これから高配当利回り株投資を始めようと考える読者の参考になると思う。

少し長くなるが、その顛末をかいつまんで紹介しよう。

・これまで投資経験がなかったAさん（65歳）は退職をきっかけに退職金3000万円を元手に、老齢年金にいくらかプラスになることを見込んで、株式投資を始めてみることにした。株式といっても値上がり益を目指すのはむずかしいと考え、配当を目的とした高配当の日本株を中心に投資を開始した。

・最初は100万円程度で始めたが、少しずつ投資金額が増えて総額1000万円に達した。年間で得られる配当金予想額は40万円程度となった。

・その後も株式市場は堅調に推移し、投資開始から半年ごろには評価益（含み益）も投資総額の8％に達した。さらに配当金を増やして生活費の足しにしたいと考えたAさんは、残りの退職金2000万円からさらに1000万円を投じて高配当株を追加購入した。

・ところが投資開始から1年後、コロナ禍で株式相場が悪化した。Aさんの保有株式も10％程度下落したことで含み損が100万円を超えた。

・なんとか含み損を取り返そうと500万円の追加投資を決めたが、さらに株価は5％下落。再度500万円を投資し、累計投資金額は退職金と同じ3000万円となった。それでも翌月にはさらに10％下落。この時点で全体の含み損は５００万円を超えてしまった。

・投資した株式の平均配当利回りは４・５％と申し分なかったが、Ａさんは「配当金を受け取り続けても投資金額まで取り戻すのに5年かかってしまう」、「これ以上値下がりしたらどうしよう」と、精神的に参ってしまった。もう耐えられないと感じたＡさんは１５００万円分の株式を損切りした。

・すると皮肉なことに、その翌月から株式相場は急回復し、数カ月後には下落前の水準に戻った。「元の値段に戻るなら持ち続けていればよかった」。こう思っても後の祭りで、時間を巻き戻すことはできない。

・Ａさんは高配当株投資を始めるのは簡単でも、日々変化する相場状況のなかで継続することはむずかしいことを実感した。

Ａさんは高配当株投資について、いくつかの〝過ち〟を犯したと思う。

まず高配当株投資の目的が「配当金の取得」であるという大原則を見失ってしまったことだ。値上がり益も株式投資の目的の一つだという既成概念から抜けきれなかったのだろう。値上がり益を主目的にするのは競馬や競輪と同じギャンブルだ。投資とは決していえない。

投資の狙いは配当金のキャッシュフロー（現金収入）で老後資金の不足を補うことだという大事なことが、急な値下がり損に直面して完全にどこかに吹っ飛んでしまった。平均配当利回りが4・5％という堂々たるパフォーマンスをあげているにもかかわらず、値下がり損（含み損）の重圧に耐えきれず損切りを余儀なくされた。もったいないことをしたものだ。

トヨタや三菱ＵＦＪフィナンシャル・グループなど業界トップ企業を買っておきさえすれば、一時的な含み損が出たとしても長期的には含み損は解消される可能性が高い。「頭ではわかっていても、含み損が広がってくると……」という気持ちは理解できる。どんな仕事でもそうだが、前述したような一時的な逆風にも堪える胆力と精神的な仕掛けや演出がないと長続きしない。

次にテクニカルな問題だ。投資開始からわずか1年のあいだに投資金額をゼロから2000万円まで急激に増やしたことも間違いだった。いかに相場が活況だったからとはいえ、Ａさんはあまりにせっかち過ぎた。

個人が株式投資で失敗しないための最大の武器は「時間」だ。それをほとんど活用していない。取引のタイミングや売買量の「分散」という〝安全装置〟も活用できていない。「長期・積立・分散」という投資の原則に反した行動をとってしまえば、当然の報いがくる。

２０００万円という大金を株式に投じる場合は、３～5年くらいの買い付け期間を設定し、相場の好不調に関係なく、一定のインターバルで、ゆっくり少額ずつ機械的に買い付けていくのが、セオリーだ。そうすれば一時的な相場下落に遭遇しても、平均的な取得コスト（買い付けの原価）を引き下げる絶好のチャンスだと前向きにとらえられる。買い付け時期の分散を図ることができれば、含み損は最小限に抑えられる。

老後資金として大切な柱である退職金の場合は、こうした「長期・積立・分散」という投資の原則は絶対に守らないといけない。

株式投資も、自動車の運転と同じだ。安全速度（長期投資）と法令順守（積立、分散）を心がけていれば、大きな事故を引き起こすことはない。

○配当金利回りは預金金利より断然有利

Aさんは平均配当利回りが4・5％もある株式を損切りした後、その売却代金をどのような形で運用したのだろうか。記事は触れていないが、個人的には興味がある。銀行預金に預け替えたのだろうか。もしそうだとすれば、銀行預金を「貸金庫」として利用しただけのことで、その「機会費用」はあまりに大きすぎる。

機会費用とは経済学の専門用語だ。簡単にいえば、複数の選択肢がある場合、それを行なわなかったことによって発生するコストのことだ。

たとえば大学進学の機会費用は、次のようになる。

もし高校卒業後、大学へ進学せずにそのまま就職すれば年収250万円の収入があったとしよう。この場合、大学生活の4年間に1000万円の機会費用が発生する。大学進学では、この機会費用のほかに授業料や生活費などがかかる。大学生活の4年間でこうした多額の費用を回収できるだけの知識や能力を身につけ、しかもこうした技能を十分に発揮できる優良企業に就職できないと、経済学的には機会費用が相対的に高くなって大学進学の意味がなくなり、高校卒業後に就職すべきだったという判断になる。

逆に高校進学の機会費用は、大学進学で得られるであろう大卒の平均給与と高卒就職者の4年目以降の平均給与との生涯にわたる賃金差ということになるかもしれない（この計算は考慮すべき要素が多すぎて簡単に判断できない）。

このように機会費用の考え方は、すべての経済行為においては複数の可能性を考え、それらの費用（逸失利益）を比較考量して、ベストな選択をすることが大事だと教えている。仮にAさんが、株式のさらなる値下がり損を恐れるあまり、損切りして銀行預金へ預け替えたとすれば、はたして経済学的に合理的な選択だったのか疑問が残る。

◎銀行預金は銀行への寄付と同じ

2024年2月13日時点の銀行普通預金の金利は年0・001％である（税引き前、三菱UFJ銀行の場合）。100万円を銀行の普通預金口座に預けても、年間10円の利子しか得られない。しかしAさんがそのまま株式投資を続けていれば、年間4・5万円の配当金が得られたはずだ。銀行の「貸金庫」利用の機会費用は年間4・5万円となる。銀行にまるごとおカネを寄付しているようなものだ。こんなバカバカしい話はない。

しかも、どの銀行の「貸金庫」も安全というわけではない。ここ十数年の低金利時代で地方銀行や中小金融機関の財務基盤はかなりぜい弱化している。今後のさらなるインフレや金利上昇を考えると、これまで安全資産として運用・保有してきた国債や社債で大量の売却損や含み損が発生する恐れがある。

銀行預金は政府が元利金を1000万円まで保証している。しかしその限度額以上預けている人は、**収益や財務の基盤がぜい弱で、取り付け騒ぎが起きる可能性があるような中小銀行に預金するよりも、経営基盤、財務基盤の安定している優良企業の株を買って配当金の4・5万円を手にしたほうがずっと安全な運用だ**、と考えてもおかしくない。

銀行預金の大半が老後の備えの資金なら、目先の使い道が決まっているわけではない。すぐに換金する必要がないのなら株式に振り向けても心配ない。株価が一時的に値下がりしても、長期的に成長が見込める企業なら株価はやがて回復するからだ。

配当利回りが高いしっかりとした企業が投資先であれば、冷静に考えれば、株式投資の「機会費用」は低金利時代の現在はそれほど高くない。

これからのインフレによる目減りや金利の上昇による不良債権の増大を考えると、銀行預金は決して安全な「資金の避難先」とはいえなくなっている。

「銀行預金に預ける」くらいなら「銀行株を買おう」

執筆時点で、銀行預金の金利は普通預金０・００１％（以下すべて年利、税引き前、三菱ＦＵＪ銀行の場合）、スーパー定期預金と自由金利型定期預金（大口定期）の金利はいずれも０・００２％（１カ月〜４年）、０・００７％（５〜６年）、０・１％（７〜９年）、０・２％（10年）である。他のメガバンク、地方銀行なども似たり寄ったりだ。

普通預金に１００万円預けたとしても年間10円の金利しか受けとれない。定期預金でも20円だ。お茶代の足しにもならない。

一方、ネット銀行は街中で多くの店舗を構えるリアルの銀行に比べて多少有利な金利を提示している。

東京スター銀行は普通預金（給与または年金の受取口座に指定した場合）で０・２５％の金利だ。

三菱ＦＵＪ銀行の２５０倍の金利水準だが、しょせんはコンマ以下の利率だ。１００万円預けても年間２５００円にしかならない。超低金利時代はおカネを借りる人には天国だが、預金者にはひどい世の中としか言いようがない。

一方、株式では３～５％の配当利回り（配当金÷株価）の銘柄がけっこうある。

三大メガバンクのみずほホールディングスや三井住友フィナンシャルグループ、三菱ＵＦＪフィナンシャル・グループはいずれも３％台の配当利回り（株価は２０２４年1月15日時点、配当予想は『会社四季報』２０２４年１集）だ。これらの銘柄の株式を１００万円購入すれば年間３万円強の配当金が手に入る。

◎配当金は心の支え

株価の低迷に嫌気がさして、株式から何か別の金融商品に乗り換えようとしても、有利な投資対象が見当たらないのが現状だ。

銀行預金の利回りは前述のような体たらくだし、ＦＸ取引（外国為替証拠金取引）で外貨を買うのは株式投資よりもリスキーだ。

株式は株価が低下したとしても、売却しないかぎり損失が発生するわけではない。そのまま保有していれば株価は再び上昇に転じて含み損が消えてしまう可能性がある。その間、預金金利の10倍もの配当金を得ることができる。ほかに有利な運用先がなさそうなら、しばらく株式を保有しておくのが得策だ。

また運良く株価が値上がりして、結構な値上がり益を手にすることができても、すぐに売却してはいけない。「含み益」は株価低迷時のバッファーになってくれるから大切に温存しておくべきだ。私はそのおかげで商社株や自動車株を長いあいだ持ち続け、結構なパフォーマンスを得ることができた。

実際、私は保有株の一部の株価が一時的に低迷して買い値を下回る事態に何度も直面したが、「配当金」や「含み益」のおかげで、腹が立たなかった。いらだつこともなかった。

短期は損気。一時の感情にかられて行動すれば、結局、損をする。そうならないように、自分なりの〝安全装置〟を準備しておくことが大切だ。

高配当利回り狙いの戦法は、相場が一時的に上昇しても、下落しても株を持ち続けることを促してくれる安全運航装置付きの投資戦法なのである。

第3章のまとめ

・人間が幸せを感じるのは学習、成長、達成感、感動の瞬間だ。シニア世代にとって、株式投資はそうした機会を提供してくれる。

・ビジネスや人生のさまざまな経験を持っている中高年は、株式投資においても健全な常識や知恵をフル活用して成功する確率が高い。

・株式投資における安全運転（＝運用）の鉄則は、①長期、②分散、③自己資金の3つである。

・個人投資家は株式ディーラーではない。ディーラーやストラテジストなどの相場観をうのみにして売買すると、大きな火傷を被ることがある。

・個人投資家は長い時間をかける長期投資なら勝負できる。長期投資は短期取引とはまったく異なるゲームのルールが適用されるからだ。

・政府も東京証券取引所も株高を〝支援〟している

・高配当利回り狙いは、相場が一時的に上昇しても、下落しても株を持ち続けることを促してくれる安全運航装置付きの投資戦法だ。

第 4 章

「高配当利回り銘柄への投資」の基礎知識

INVESTING FOR
"HIGH DIVIDEND YIELD"
WILL LAST A LONG TIME

死ぬまで月6万円の資金を手に入れる方法

これまで説明してきたように、私が推奨する投資手法は、超優良銘柄への投資で高利回りの配当を得ることを第一の目的としている。配当金を着実に積み上げることができれば、老後の生活資金の補充にもなる。

もし公的年金の支給が始まる65歳の時点で1000万円の資金（しかも不要不急のおカネ）を貯めることができたとしよう。それを元手に配当金利回り4％の銘柄で運用できれば年間40万円（税引き前）の配当金を得ることができる。新NISAを活用すれば税金はかからない。しかも投資した企業はいずれも日本を代表する企業だから倒産する可能性は低い。複数の銘柄に分散して投資すれば、リスクはさらに軽減される。

年間の配当金40万円を12カ月で割ると月当たり3万円強となる。現在の基礎年金は月額6万5000円だから、その半分に相当する。

さらに日経平均株価は過去10年のあいだ（2012年の終値と2022年の終値を比較する）で

2・5倍に上昇している。すべての銘柄が日経平均と同じ動きをするわけではないが、65歳時点の元金1000万円が10年後には2500万円へ膨らんでいる。メインの賃金ではなくボーナスとしての位置付けだった値上がり益（あくまで予想）は1500万円に積み上がり、これを1年間当たりに換算すると150万円となる。これを12カ月で割ると月当たり12万円強の計算だ。この値上がり益から毎月3万円を現金化し、月当たりの配当金3万円と合計すれば、基礎年金6万円がもう一つできあがる。

毎月3万円の現金化を図るには年間36万円の株式の売却が必要になるが、この程度の切り売りなら、年間の値上がり益のほうが上回っており、当初の1000万円の元本が目減りする可能性は低い。1000万円の元本が維持できれば、それ以降の年間配当金40万円も安定的に確保できる、という計算になる。

しかも1000万円の元本は死ぬまで失われることはない。

本書の冒頭で、次のように書いたことを思い出してほしい。

●平均的な老後生活の場合

不足額（約6万円）＝生活費（約28万円）－公的年金（22万円）

●ゆとりある老後生活の場合

不足額（約14万円）＝生活費（約36万円）－公的年金（22万円）

平均的な生活でよいと考える場合、毎月約6万円が不足する。1年に換算すると6万円×12カ月＝年間72万円の老後の準備資金が必要になる。夫婦2人とも健康で65歳から20年間、つまり85歳まで生きるとすると、72万円×20年＝1440万円を準備しなければならない。

以上をまとめると、**公的年金の支給が始まる65歳の時点までに1000万円の資金を貯めて、4%の配当利回りの株式で運用できれば、「平均的な老後生活」は確保できる。**老後の資金として1440万円も準備する必要はなく、85歳以上長生きしても資金が枯渇することはない。

65歳の時点で2000万円の資金を貯めることができれば、4%の配当利回りの株式運用だけで「ゆとりある老後生活」も射程圏に入ってくる。両方のケースとも定年退職後は老後の生活費を補うために働く必要がない。悠々自適の生活を送ることができるのである。

○「老後資金2000万円」には別の根拠があった

そうなると問題は、

①65歳までに老後資金の原資として1000万円あるいは2000万円を貯めることができるか

②貯めた資金を4％の配当利回りで安定的に運用できるか、そのためにどのような高配当銘柄を選ぶか

にかかってくるが、①の方法については第2章で触れた。

2019年に財務省の金融審議会　市場ワーキング・グループが発表した「高齢者における資産形成・管理」という報告書が「老後資金は2000万円必要」との指摘を行ない、物議をかもしたことは、すでに触れた。

報告書によると、95歳まで生きた場合、公的年金だけで生活費を賄うことができず、2000万円分の赤字が発生する。そのため、一般的に定年退職を迎える65歳までに、自分の力で2000万円程度の老後資金を用意しておくことが重要だ、とされた。

2000万円という金額は、2017年度に総務省統計局が行なった家計調査に基づき、高齢夫婦無職世帯において「実収入に対し実支出の方が毎月平均で5万円ほど上回っている」というデータから算出されたものだ。公的年金だけを頼りにした生活では毎月約5万円の赤字が出るので、85歳まで生きれば約1200万円（＝5万円×12カ月×20年）、95歳まで生きれば約1800万円（＝5万円×12カ月×30年）を自己資金で補填する必要がある。

このようにして算出された1200万～1800万円が「平均的な老後生活」の資金として用意しておくべき金額の根拠であったが、2017年以降の生活費の高騰や、今後のインフレの高進を考えると、老後に備えるべき資金はさらに増えていると思われる。

この政府の報告書の筋書きに従えば、65歳までに2000万円程度の資金を貯めて、それを毎年取り崩しながら公的年金の補填をするということだ。

しかし、私に言わせれば別に取り崩す必要はない。

個人でそこまで貯蓄できたのなら、それをそのまま配当利回り4％の株式に投資すれば、配当金だけで毎年の老後資金不足の穴埋めができるうえ、かなりの確率で値上がり益も手にすることができる。

この報告書の執筆者は、このことは百も承知だったと私は推測する。

政府の文書として資金運用の話をすれば、野党などから金融業者寄りだとして批判を受ける可能性がある。政府が国民に運用を推奨して、万一損失が出た場合、政府がその責任を追及される。そうした事態を恐れて、運用面についてはあえて触れなかったのだろうと私は勝手に推測している。

2000万円の資金準備と同時に、それを使った資産運用の話をしっかりしていれば、老後資金不足の議論は国民のあいだでもっと違った受け止め方をされていただろう。

飛行機の操縦席（コックピット）のような計器は不要

高配当利回りの銘柄にうまく投資できたとしても、すべてが順調に運ぶとは限らない。

たとえば、投資したときには高配当利回りだったとしても、10年のあいだに投資した銘柄の株価が大きく値下がりしたり、配当が減配や無配になったりするかもしれない。倒産や合併で、投資した銘柄の株価が紙くず同然になっているかもしれない。

そうしたリスクを減らすための最も有効な対処法は、**投資の対象を「業界のトップ企業」に絞り込む**ことだ。

業界のトップ企業といっても千差万別である。今後予想される急激な技術革新やグローバル競争の荒波と無縁ではない。

しかし**どの業界でも、トップ企業には資本力や経営ノウハウ、人材がそろっている。下位の企業に比べ生き残れる可能性が高い。**

たとえば繊維やカメラの銀塩フィルムのようにグローバル化や技術革新で業界全体が斜陽化しても、東レや富士フイルムのような業界トップ企業であればあざやかな業態転換によって企業としての生き残りをはかることができた。

業界のトップ企業のあいだで分散投資を行なえば、株価の変動や減配・無配のリスクを大きく減らすことができる。

さらに言えば、高配当利回り銘柄への投資の大きなメリットは、経済や投資に関する小むずかしい理論や知識、用語、財務指標など知らなくても高いパフォーマンスをあげることができる点だ。経済の素人にはうってつけの手法だ。

配当利回りは、すぐに計算できる。『会社四季報』のページをめくって年間の予想配当金を調べ、それを株価（時価）で割るだけだ。

『会社四季報』にはROE（株主資本利益率）、ROA（総資産利益率）、CF（キャッシュフロー）、PBR（株価純資産倍率）、PER（株価収益率）などの指標がたくさん記載されている。しかし株式投資の素人にはその意味や活用法がよくわからない。計算方法も面倒そうだ。

だが心配しなくてよい。

こうした細かな指標はプロ向けの情報である。個人投資家は知っておいて損はないが、知っているからといって投資のパフォーマンスが上がるとはかぎらない。

こうした数値は、飛行機の操縦席（コックピット）の無数の計器が発するデータと同じだ。専門のパイロットが最新鋭の大型旅客機を安全運航させるときには不可欠だが、私たちが自動車を運転する場合はハンドル、アクセル、ブレーキの位置とその使い方さえ知っておけば十分だ。プロのディーラーやファンドマネジャーが短期間で多くの銘柄に投資しなければならない場合には必須の道具となるが、少数の銘柄しか投資できない私たち個人投資家には、ほとんど必要ないツールといっても言い過ぎではない。

○トップ企業ならROE、ROAなどをクリア

私たちが知っておくべきは、株式投資したおカネが年間の配当金でどのくらいの利益を生み出すか（＝配当利回り）という投資尺度だ。

この「利回り」というものは金融商品に共通の尺度だ。配当利回りが債券利回りや預金金利に比べていかに有利か、不利かを知っておけばよい。配当利回りが高ければ株式投資に資金を振り向け、配当利回りが低ければ株式投資から資金を引き揚げて、別の有利な金融商品に投資すればよい。

株式の値上がり益は、前述のように「おまけ」、あるいは「臨時ボーナス」程度に考えておけば、投資で大やけど（大幅な損失）を被ることはない。株価の変動に惑わされて、短期売買を繰り返すことがないからだ。

こうした見方に対して、「株式の値下がりリスクはどうしてくれる」という反論があるかもしれない。

しかし**10年単位の長期投資、つまり配当を取りながら10年間、株を保有し続ける投資では、そうした値下がりリスクは無視してよい。それでも経済は生き物だ。何が起こるかわからない。それだからこそ、有能な人材がそろっていて経営体力のある業界トップ企業に絞って投資するのである。**

どの業界でもトップ企業は、ROE、ROA、CF、PBR、PERなどの数値は、ほとんど合格の水準に達している。業界のトップ企業なら、個人投資家は『会社四季報』を購入し、時間をかけてこうした数値などいちいち調べる必要はない。もし収益性や財務の健全性で重大な疑義があれば、証券のアナリストや経済記者が素早く嗅ぎつけて、すでに警鐘を鳴らしているはずだ。

トップ企業ほど「炭鉱のカナリア」が多くいる。

高配当利回りの業界トップ企業へ長期投資することは、個人の投資家が、最少の努力で、最大のパフォーマンスをあげる最良の投資手法なのだ。

○資産と負債の両建てで生活を豊かにする

50歳前後まで堅実に働いてきた人なら、リタイア後に備えてそれなりの老後資金を貯めているはずだ。ところが、その老後資金を「間違った思い込み」で減らしてしまう人がいる。残念なことだ。

その思い込みの最たるものが「歳をとったら借金をしてはいけない」だ。

たとえばマネー評論家やファイナンシャルプランナーのなかには、定年が視野に入ってきたら、住宅や自動車などの支払いは、借金（ローン）ではなく現金（キャッシュ）で済ませるべきだと主張する人が多い。しかし、その是非は状況によるのではないか。

私は、歳をとるほど手持ちのキャッシュが重要になると思っている。そのキャッシュの多寡によって、人の経済的な豊かさの感じ方が大きく変わってくるからだ。

手持ちのキャッシュが多ければ豊かな気持ちになれる。何をするにしても財布の中身を心配する必要がなくなる。これは大事なことだ。

たとえば周囲に対しては大らかになれる。生活の活動範囲が広がる。自然災害や戦争の被害者、難民への義援金、母校や菩提寺からの寄付の要請などにも気持ちよく応じられる。気軽に海外旅行や高級レストランでの食事に出かけられる。子供や孫へのお小遣いや資金支援にも応じることができる。健康を害したときも、高度の治療や保険適用外の高い薬に手を伸ばすことができる。老人ホームへの入居でも頭金が足りないためにワンランク落とさざるをえないようなこともなくなる。

キャッシュをどう使おうが借り先から口出しされることはない。

発展途上国ではまだまだ住宅ローン、自動車ローンの制度がないために、一部の金持ちしか人生の豊かさを享受できないケースが多い。一般の庶民は購入資金がすべて貯まるまで自宅や自動車の購入を先送りしなければならない、という。一方、先進国の若い世代は2～3割程度の頭金さえ貯めることができれば、早い段階からローンで自宅や自動車を購入して快適な生活をエンジョイできる。ローン制度は人類の偉大な発明の一つだといっても過言ではない。その偉大な発明を高齢だからという理由で自ら放棄してしまうのはもったいない話だ。

かなりの高齢になって体の自由がきかなくなれば自動車の運転免許は国に返上するのが筋だが、ローンは何歳になっても返済能力さえあれば返上する必要はない。

この"第2"のキャッシュの一部をうまく長期の高配当利回り銘柄への投資に活用できれば（短期投資ではないことに注意）、**生活をさらに豊かにすることができる。**

企業でいえば、銀行や資本市場から借金で資金を調達して工場を建設し、そこで製造した製品を市場で販売して安定的な収益を上げていくことと同じだ。バランスシート（貸借対照表）の負債項目にある借金と資産項目の設備とのバランスをうまく図りながら収益を上げ、借金の元利金も返済していく。これができれば、企業経営としてはいくら借金してもまったく問題ない。むしろそれをやらないほうが企業家精神に欠ける消極的な経営だと、株主から烙印をおされかねない。つまり借金はすべてが悪ではない。もちろん金利が上昇に向かえば、こうしたローンも使い勝手が悪くなる。

しかし、企業活動の収益が利払いを上回っているかぎり、つまり利払いを続けることができるかぎり、前向きに取り組むべき選択肢の一つだ。

この鉄則は、企業でも個人でも、若年層でもシニア層でも変わらない。

ただ誤解のないように言っておくが、私はここで信用取引を推奨しているのではない。本当に実現するか不確かな値上がり益を根拠に借金で株式を買うのは厳重に慎むべきである。

◎年齢を重ねるほど現金（キャッシュ）を大切にすべし

いまから十数年前になるが、私が50代半ばに差し掛かった頃のことだ。別の会社に勤務する学生時代の3歳年下の友人B君がいた。

彼は30年近く独身生活をエンジョイしたあと、50歳代前半になってようやく現在の奥さんと知り合って結婚した。それまで横浜市の郊外の実家で両親と暮らしていたが、新婚生活を営むための住居が必要になり、都心で4000万円以上もする2LDKのマンションをキャッシュで購入したのだ。

私は彼からこの話を聞いたとき、二重の意味で驚いた。

1つ目は独身生活を長期間続けるとこんなにおカネが貯まるのかという点であり、2つ目は50歳代という年齢になってキャッシュで不動産を購入したことだった。

1つ目は、冷静に考えれば別に驚くことはなかった。

独身で実家暮らしを30年も続ければ、住宅の費用や子供の養育費がかからないので、地方出身の既婚者に比べて、たくさんのおカネが貯まることは理解できる。私が2人の子供を養育している頃、子供に大学教育まで受けさせると最低でも一人当たり2000万円はかかるといわれて驚いた記憶がある。それから逆算すると、未婚で子供のいなかった彼が住宅を買うのに4000万円もの大金をポンと出せるのは、当然と言えば当然だった。

しかし2点目はどうしても合点がいかなかった。

50歳代といえば10年先の定年退職（当時は60歳定年が一般的）が視野に入ってくる年齢だ。その年齢で30年のローンを組めば支払いが完了するのは80歳代だ。退職後も借金を抱えたくない、金利支払いに追われたくないという心情は十分に理解できる。

しかし私が彼の立場なら、手持ちのキャッシュの一部を頭金に充当したとしても、購入資金の大半は住宅ローン（銀行の融資審査に合格することが大前提）で手当てしただろう。

財務諸表的にいえば、負債の部に住宅ローンの借金、資産の部に購入したマンションが計上される。住宅ローンにかかる月々の金利支払いは、毎月の月給から充当できる。定年退職後も仕事をしていれば同じく月給から振り向ければ良い。仕事をしていなければ、公的年金や手持ちのキャッシュからローン金利の支払いにあてることも可能だ。

あるいはそれも面倒臭ければ、正式な退職時点で手持ちのキャッシュを使って借金をすべて早期返済してしまえば良い。

重要なことは、シニア世代は手持ちのキャッシュをできるだけ保持し続けるべき、ということだ。

○住宅ローンで手元のキャッシュが増やせる

50歳代で住宅ローンを組む最大のメリットは、手持ちキャッシュをそのまま手元において老後に向けた資産形成に役立てられる点だ。

B君は手元にあるキャッシュ4000万円を利回り4％の銘柄に投資すれば、年間160万円の配当金（税引き前）を手にすることができた。この配当金から住宅ローンの金利を支払えば、2～3％程度のプラスの利ざや（当時の住宅ローンの変動金利型は1％前後）を抜けた。それを老後の資金原資に毎年充当することができたのだ。

こうした〝荒ワザ〟は、異次元の低金利という恵まれた環境だからできたことかもしれない。銀行は貸し倒れの少ない有利な運用先として住宅ローンの拡大を目指した一方で、借り手は「超低金利＋住宅ローン所得減税」によって実質ゼロ％金利で借金することができた。もちろん元本は毎月きちんと返済しなければならない。

しかし日銀が異次元緩和の修正に転じた現在の局面でも、住宅ローン金利の上昇ピッチは緩やかだ。現在、大手銀行の固定金利型の住宅ローン金利は、何度も引き上げられたとはいえ依然１・０～１・８％の水準にとどまっている。変動金利型は０・３～０・６％程度と低水準で据え置かれたままだ。キャッシュより住宅ローンで住宅購入するほうが相対的に有利な環境は、今後も続く可能性が高い。

都心の高級住宅地に立派な自宅を構えていても、キャッシュに窮したら豊かな老後生活を送ることはできない。立派な住宅に引っ越してもしばらくすればすぐに慣れてくる。ありがたみも薄れる。人間はそういうものだ。一方、キャッシュが底を突けば本当の地獄が待っている。シニア世代はキャッシュを粗末にしてはならない。

リバースモーゲージへの乗り換えで月々の負担軽減も

キャッシュが乏しくなれば、リバースモーゲージを利用すればよい。

リバースモーゲージとは、自らの持ち家に住み続けながら、自宅を担保に生活資金を借り入れすることができる仕組みだ。そして借り入れた本人が死亡したときに担保の自宅を処分すれば借入金を返済することができる。金融機関が取り扱うリバースモーゲージでは、借入人が生存中は毎月金利のみを支払い、元金は借入人の死亡後に相続人が自宅を売却することで一括返済することになる。

住宅ローンの月々の返済は「元金＋利息」だが、リバースモーゲージでは「利息」のみとなり、月々の返済金額を軽減できるメリットがある。

定年後に住宅ローンの支払いが残ってしまって、公的年金収入だけでは日々の生活が苦しくなった場合は、住宅ローンからリバースモーゲージへ借り換えるのも一案だ。

しかしリバースモーゲージが利用できるのは、一部の人に限られる。マンションではなく戸建て住宅の所有者に限られ、地域も都心部など地価の高い地域に限定される。融資の限度額も自宅の評価額によって変わるので注意が必要だ。

リバースモーゲージには以下のようなデメリットも指摘されている。

まず借り手が想定以上に長生きすれば、生活費や医療費などが最初に設定されていた融資限度額を超過してしまう恐れがある。生存中に土地・建物の評価が下がれば、最初の融資限度額が引き下げられる。変動金利のため金利の変動リスクにさらされる恐れもある。

リバースモーゲージの利用を検討する場合は、取り扱いの金融機関としっかり相談することをお勧めしたい。

いずれにせよ、日本人は借金を罪悪視しすぎる。自動車と同じだ。正しく使っているかぎり過度に恐れる必要はない。

企業は借金を成長のテコにしている。その資金が設備投資や運転資金として順調に回っていれば何ら問題はない。とくに新興のベンチャー企業などは借金をテコにして大きく成長してきた。企業会計にとっての常識が、なぜか個人の場合は非常識になる。

マネーの専門家たちは、個人はマネーの知識に乏しく、企業のように借金を有効活用する能力がないと無意識に考えているのだろうか。もしそうだとしたら、私たちは老後の生活を楽にするためにも、マネーの基礎知識や運用方法についてもっと勉強する必要がある。

現在、エネルギーや食料品など国際商品市況の高騰や円安、国内の人手不足による賃金上昇が、日本国内の物価を押し上げている。それに連動して長期、短期の金利ともにさらにもう一段上昇することになるだろう。

しかし、日本のような低成長、資金余剰の〝低圧経済〟では最終的な金利の落ち着きどころは、そう高くならない。**長い目で見れば、日本は欧米やアジアの新興国などと比較して相対的な低金利が続く。低金利が続けば、借り手に有利な状況が続く。**

こうした金融環境をうまく活かして、手持ちのキャッシュを多く蓄えることが大切だ。

キャッシュのない老後は寂しい

これに関連して、もう少し個人的な話をしたい。

私は50歳代の半ばで、それまで20年近く住んでいた埼玉県南部の自宅マンションを売却し、中央線沿線の東京都多摩地区に小さな新築マンションを購入した。従来のマンションは2人の子供が自立したため夫婦だけの生活には少し広すぎること、定年後をにらんで趣味の山登りやハイキングに足の便がよいこと、新築マンションは古いマンションに比べ耐震構造がしっかりしていること、などが引っ越しの理由だった。

問題は、購入資金をどう手当てするかだ。50歳代半ばなので新たに住宅ローンを組むのは無理だろうと思って、まずいま住んでいるマンションの売却代金と手持ちのキャッシュの範囲内で購入できる中古物件を探した。

「ダメもと」で古いマンションの住宅ローンの借入先である銀行の知り合いに、私のような高齢者でも住宅ローンが組めるかどうか問い合わせたところ、「川島さんの年齢ならギリギリ滑り込みで大丈夫。しかも、いまなら超低金利と住宅ローン減税を使えば実質ゼロ金利で借りることができる。せっかくローンを組めるのだったら、わざわざ現金で家を買う必要はない。年をとってキャッシュが少なくなるのは寂しいものだ」と助言してもらった。

そこで一念発起、新築のマンションを購入することに決めた。

私は変動金利型の住宅ローンを組むことができた。月々の元利返済は10万円強で、30年返済のローンだった。ローン金利は0・875％と割安で、住宅ローン減税を活用できたので、実質ゼロ金利だった。変動型にしたので期間中の金利上昇は覚悟していたが、借入から十数年経過した現在でもこの金利は変わっていない。今後のことはわからないが、少なくともこれまではラッキーだった。

なお私の住宅ローンの場合は、変動金利が上昇しても月々の元利金の支払い額は変わらず、その代わり返済期限が先へ延びるだけだと聞いたので安心して契約に踏み切った。

その結果、古いマンションの売却代金と、新しいマンションの購入に充当する予定だった預貯金は、ほぼそのまま手元に残った。私は新しいマンションと老後の資産運用の原資の両方を手にして、どことなくリッチな気分になったのをいまでも覚えている。

インフレで住宅ローン残高は目減りする

もちろん50歳代で新たに住宅ローンを組むことには不安もあった。ローンの返済を完了するときには、私は80歳代の年齢に達している。退職後もしばらくは働く気でいたが、80歳代まで元気で働き続ける自信はなかった。またローン返済の途中で死亡した場合、私の妻はどうなるのか……などなど。

こうした不安を銀行の担当者にぶつけてみた。新たに住宅ローンを組んだときに団体信用生命保険に加入しておけば、ローン返済中に死亡や高度の障害など万が一の事態に陥った場合は保険会社が住宅ローンの残債をすべて支払ってくれるので、月々の元利金の返済は免除され、妻はそのままマンションに住み続けることができるといわれた。どのマンションも同じかもしれないが、私の住宅ローンでは、契約時に団体信用生命保険への加入が義務付けられていた。

さらに住宅ローンを組んだ後、日本経済がインフレに向かえば、住宅ローンの実質残高は目減りする半面で、マンションなどの実物価値は増大する。ダブルでインフレのメリットを享受できるのである。

このように考えると、借金をむやみに恐れるのは止めたほうが良い。

一生のうちで個人が住宅購入(投資)などで借金できる機会はめったにない。そうしたチャンスが巡ってきたら、企業の財務諸表の原点に立ち返って、負債の部と資産の部をしっかり管理しながら住宅投資から得られる効用(恩恵)の最大化を目指すべきである。自動車ローンも同じだ。つまり、資産からの収入と負債の支払金利の差(利ザヤ)がプラスになるのなら、年齢にかかわりなく借金しても構わない。

私がもし住宅ローンを借りずにそれまで貯めた預貯金で新築マンションを購入していたら、いまごろは老後の生活資金の確保に青くなっていたことだろう。アルバイト原稿を必死になって書いていたに違いない。

退職前に住宅ローンを繰り上げ返済しようと考えている人が多いが、せっかく住宅ローン(借金)という"自己"資金があるのであれば、早期返済などせずに、もっと有効

に活用（運用）して少しでも老後の資金の拡大を図るべきである。

これから物価高を背景に超金融緩和の正常化が進めば、世の中の金利は少しずつ高くなってくる。株価も上昇する。低金利時代に組んだ住宅ローンの金利を上回る運用チャンスがかならず訪れるはずだ。住宅ローンのような低利で長期安定の資金をやすやすと手放していたらバチが当たる。

繰り返しになるが、私はここで借金による株式投資を勧めているのではない。株式投資はあくまで自己資金が基本だ。ただし低利で長期の安定資金を確保できる場合は積極的に活用して、手元のキャッシュを増やし、その一部を資産運用に回したらどうかと言っているだけだ。

資本主義は冷酷なシステム

資本主義は、冷酷な話だが、お金持ちほど有利に働くシステムだ。たとえば1%の預金金利はお金持ちにも普通の人にも同じように適用される。親から1億円の預金を相続した資産家は労せずして翌年には１００万円の利息が振り込まれる。親の遺産もなく懸命に働いて10万円の預金をした普通の人は１０００円の利息しか手にできない。放っておいたら、貧富の格差は拡大する一方だ。

それをけしからんと思えば、革命でも起こすしかない。ほかに変わるべき制度が見当たらないのであれば、それを受け入れるしかない。普通の人でも、資本主義のルールを利用すれば、自分の生活を指数関数的に豊かにすることができる。そのためには、若いうちから資産運用の原資を少しでも多く増やしておくことだ。

第4章のまとめ

・65歳の時点で2000万円の資金を貯めることができれば、4％の配当利回りの株式運用（一部値上がり益を含む）だけで「ゆとりある老後生活」が射程圏に入ってくる。

・高配当利回り銘柄への投資といっても、10年のあいだに配当が減額されたり無配になったりするかもしれない。そうしたリスクを減らすための有効な対処法は、投資の対象を「業界のトップ企業」に絞り込むことだ。

・年齢を重ねるほどキャッシュを大切にしよう。キャッシュの多寡によって、経済的な豊かさの感じ方が大きく変わってくる。

・資本主義はお金持ちに有利に働くシステムだが、若いうちから資産運用の原資を少しでも多く貯めておけば、生活を指数関数的に豊かにすることができる。

第 5 章

「高配当利回り銘柄への投資」の実践法

INVESTING FOR
"HIGH DIVIDEND YIELD"
WILL LAST A LONG TIME

◎長期投資に向いた銘柄の発掘法

長期投資に向いた高配当利回りの銘柄をどのように探したら良いのだろうか。

ある大学研究者によると、長期投資の「受け皿」になる銘柄の条件を、次のように指摘している。

①世界的競争力を持つ
②時価総額1000億円以上
③PBR（株価純資産倍率）1倍以上
④売上高営業利益率10％以上
⑤売上高成長率3％以上

①は長期の成長性や収益性、②は経営の安定性、③も安定性（時価総額が解散価値を上回っ

ていることから企業に隠れた経営上の欠陥がない)、④は高い収益性、⑤は高い成長性を意味している。

たとえば、ソニーグループは世界的に強い競争力を持ち、時価総額は15・1兆円、PBR2・11、売上高営業利益率9・5%(24年3月期予想、以下、24年3月期予想はすべて『会社四季報』2023年4集秋号による)、売上高成長率5・7%(24年3月期予想、16・3%=23年3月期)とすべての条件を満たしているが、配当利回りは0・63%と著しく低い。

トヨタ自動車は四輪自動車の販売台数で世界首位を誇り、時価総額は39・7兆円、PBR1・09、売上高営業利益率9・3%(24年3月期予想)、売上高成長率9・0%(24年3月期予想、18・4%=23年3月期)と、これもすべての条件を満たしている。だが、配当利回りは2・54%と決して高いとはいえない。上場企業のなかでは「中の上」といった感じだ。

「ユニクロ」を展開するファーストリテイリングは世界3位のSPA(製造小売業)大手である。時価総額は10・5兆円、PBR5・99、売上高営業利益率13・5%(23年8月期予想)、売上高成長率18・6%(23年8月期予想、7・9%=22年8月期)と、すべての条件をクリアしているが、配当利回りは0・94%と低い。

つまり、こうした条件を満たしている銘柄は、長期保有に適していて、株価の値上がりが引き続き期待できるかもしれないが、本書で目指す高い配当利回りで〝第二の年金〟をつくる投資の対象かというと必ずしもそうではない。

○高配当利回りランキングの注意事項

それでは高い配当利回りで〝第二の年金〟をつくるのに適した銘柄を、どのように探せばよいのだろうか。

意外に簡単だ。

私が前に勤めていた東洋経済新報社から発刊されている**『会社四季報』や『週刊東洋経済』では、予想配当利回り**（年間の配当額÷株価）**が高い銘柄のランキングが定期的に掲載されている**。これで当たりを付けるのがよい。

たとえば『会社四季報』2023年4集秋号を見ると、1位は橋梁・建築の宮地エンジニアリンググループ（今期予想配当利回り5・46％）、2位はサイト内検索など企業向けASPサービスを展開しているスカラ（同5・13％）、3位は浄水器、電解水素水、衛生管理機器の製販を手掛けるＯＳＧコーポレーション（同４・８９％）と続く。

最新の『会社四季報』２０２４年１集新春号では、１位は産業向け機械、設備、高機能材料の専門商社である極東貿易（今期予想配当利回り６・８９％）、２位は官公庁関連や大手企業向けビジネスプロセスの業務請負、人材派遣のキャリアリンク（同５・６２％）、３位はダム、トンネルなど大型土木工事の準大手ゼネコンの安藤ハザマ（同５・４３％）となっている。

ちなみに『会社四季報』２０２３年４集秋号でトップの宮地エンジニアリンググループ（同４・９０％）は『会社四季報』２０２４年１集新春号では13位、２位のスカラ（同４・９６％）は同12位、３位のＯＳＧコーポレーション（同４・５９％）は新たに「増配５回以上」の厳しい条件が加わったためランキング外となった。ただこの条件がなければ、同24位にランクインしているはずだ。

一方、『会社四季報』２０２４年１集新春号でトップ３の極東貿易、キャリアリンク、安藤ハザマは、『会社四季報』２０２３年４集秋号では「ＲＯＥ５％以上」「決算期変更」「今期純利益減益予想」などの足切り条件に引っかかりランク外となったが、予想配当利回りで見る限りいずれもベスト５に入る優等生だ。

このように**足切り条件によって毎号、銘柄の入れ替わりはあるが、どの号でも上位に**

名前を連ねている銘柄は配当利回りの優良銘柄と考えて間違いない。

少し技術的な話になるが、『会社四季報』2023年4集秋号のランキングの但し書きによると、①今期予想ROE（株主資本利益率）が5％以上、②今期予想純利益1億円以上で、過去10期中に減配があるもの、また③今期減配予想、来期減配予想は除外した、とある。さらに、7、8月期決算会社、決算期や会計基準が変更された会社、前期と会計基準が異なる会社は除く、とも書かれている。

たとえば秋号の作成時点では、「7、8月期決算会社」は最新決算がまだ公表されておらず、3月期会社などと同じ条件で比較できないという理由からランキングの対象から除外されている。妥当な判断といえよう。

「今期予想ROEが5％以上、今期予想純利益1億円以上」という条件は、高収益・高効率経営の企業にランキング対象を絞り込んだということだ。高効率経営で一定水準以上の利益を上げている企業が、ランキングの母集団になっている。逆にいえば、非効率で利益水準の低い企業は、ランキングの対象から除外されている。

また「過去10期中に減配があるもの、また今期減配予想、来期減配予想は除外した」という条件は、過去10年のあいだまったく配当金を減らしておらず、かつ今来期も減配の恐れがないという意味だ。収益が安定しており、株主への利益還元を大切に考えている会社のなかから優秀な企業を選んだということだ。

ランキングの実施においては、こうした**足切り条件を付けておかないと、予想配当利回りはきわめて高いが、業績や経営効率は劣等生というイレギュラーな企業が混じり込んでいる可能性がある。**

たまたま○○周年で高額の記念配当や特別配当を予定していて、予想配当利回りが高くなっただけの企業や、赤字続きの企業でも保有している株式や不動産の売却などによって高額の配当をする企業が上位に顔を出すことがある。またそもそも利益水準の低い企業は、不景気になるとすぐに赤字に転落する。過去に減配を繰り返した企業は、これからも減配を繰り返す可能性がある。こうした業績の不安定な銘柄は長期投資に向いていないことは言うまでもない。

ただし先の例にみられるように、好業績で予想配当利回りが高い企業でも、前提条件のちょっとした変更でランク外となってしまうケースがある。前号にはランクインしていたが、最新号では名前がなかったという場合は、その企業の掲載ページをめくって「予想配当利回り」欄を見て数字に変動がないことを確認して欲しい。

東洋経済新報社のランキングのように企業分析のプロ編集者が作成するものは安心だが、経済データを扱ったことのない出版社や新聞社が作成するランキングは、玉石混交

となる場合が多い。企業データの詳細を吟味せず、コンピュータで機械的に処理してランキングをつくっている場合があるので注意が必要だ。

○高利回りランキングは千差万別

『週刊東洋経済』（2023年9月30日号、60ページ）の特集「株の道場　3万円時代に買える株」では、『会社四季報』2023年4集秋号のデータを駆使して、『会社四季報』とはさらに異なる「減配なし高配当」銘柄のランキングを紹介している。

それによると、高配当利回りのトップは半導体製造装置用の制御機器の受託製造を展開するアバールデータだ。過去10期（決算）のうち8期で増配を行なっている。政策保有している株式を今後3年間売却する方針を打ち出し、その結果、今24年3月期の予想配当利回りは5・71%、来25年3月期も同5・27%となっている。

2位は高配当ランキングでは常連の宮地エンジニアリンググループだ。PBR（株価純資産倍率）1倍割れへの対策として、従来は35%としていた配当性向の目安を60%へ引き上げ、大幅な増配を発表した。その結果、24年３月期の予想配当利回りは５・２７％となった。

３位は半導体や電子機器の専門商社で開発営業も得意とする伯東だ。もともと株主還元には熱心な会社であり、24年３月期の予想配当利回りは５・１９％。４位のグランディハウスは北関東が地盤の土地開発や戸建て販売が主力の会社だが、同５・１７％、５位のイーグランドは首都圏を地盤にマンション・戸建ての中古再生事業を展開している会社で同５・１６％。いずれも予想配当利回りが５％台の銘柄だ。

このランキングの〝前提条件〟は、次の５点に該当する企業を除外していることだ。

①ＰＢＲが２倍以上
②過去10決算期で増配３回以下
③過去10決算期で無配や減配がある
④今期または来期の減配予想がある
⑤前々期、前期、今期の３決算において最終赤字

この条件を私なりに読み解くと、次のようになる。

①は株価（時価）がすでに純資産（解散価値）の2倍以上にも上昇しているので、これからの上昇余地が限られている。つまり予想配当利回りが高くても先行き値上がりがそれほど期待できない銘柄は除外した、ということだ。

②の過去10年間で増配が3回以下の会社は、頻繁に増配を行なえるほどの利益の成長性がなかったか、利益は伸びていてもその成果を株主への還元ではなく成長のための設備投資へ回すのに忙しかったか、あるいは経営者に株主還元の視点が欠けていたか、のいずれかだ。こうした会社は、これからも増配の機会（＝頻度）があまり期待できないので除外した、ということだ。

③の過去に無配や減配の〝前科〟があることは、収益が安定していないことを意味している。将来も収益の大幅な変動から無配や減配の恐れがある。

④の今期または来期の減配予想がある銘柄は、収益力がピークアウトしている可能性が高く、来期、来々期だけでなく、それ以降もさらに配当金額の落ち込み、あるいは無配転落が予想される、ということ。

⑤の前々期、前期、今期の3決算において最終赤字の企業は、ランキング対象から外されて当然である。過去は未来を知る重要な尺度の一つである。

最初の①、②のフィルターは今後の成長可能性や増配余地の高い銘柄を探る点でこれまでにない斬新な発想であり、編集者の工夫を高く評価したい。

『会社四季報』や『週刊東洋経済』は会社の四半期決算が発表されるたびに、こうした有意義なランキング特集を組んでいる。個人投資家が高配当利回り銘柄を選ぶ場合の参考になる。

ただランキング結果について私の印象を少し述べると、『週刊東洋経済』（2023年9月30日号）の特集で1位のアバールデータは「3カ年の政策保有株の売却」というゲタがなくなった後の配当利回りがどの程度に落ち着くのか、不明だ。2位の宮地エンジニアリンググループは配当性向の目安を60％以上へ引き上げたということだが、この目標値は他社と比較してかなり高い。もしPBRが1倍を上回ったら再び配当性向の目安を引き下げるのか、それとも配当性向60％を維持し続けるのかがはっきりしない。

いずれもランキングは上位だが、私なら素直に推薦する気になれない。

ここで言いたいことは、**高配当利回りランキングに出てくる表面的な予想配当利回りを鵜呑みにするのではなく、その数字の背景にある考えを『会社四季報』や『週刊東洋経済』などの記事をしっかり読み込んで自分なりに理解したうえで、投資しなければならないということだ。**

○ランキングの別の落とし穴

長期投資の観点でいえば、ランキングには留意しなければならない点がまだある。『会社四季報』の高配当利回りランキングでは、前提条件として「今期予想純益が1億円以上」の基準があったことは前述のとおりだが、この程度の〝足切り〟であれば企業規模が小さな銘柄が上位に登場する可能性があり、収益の安定性という点で投資対象として不安が残る。

日本には「小さな世界ナンバーワン企業（特定の分野で世界シェア1位を誇る製品を製造する企業）」が存在する。中小企業といえども侮ることはできないが、一般的にいえば中小企業は大企業に比べ経営が弱く不安定だ。

個人投資家は命の次に大切な資金を限られたいくつかの銘柄に投資するのだから、リスキーな中小企業ではなく、経営が安定した大企業に託したい。個人的にはこの予想純益基準は1億円よりももっと引き上げて良いと思う。

反対に「過去10期中で減配があるもの、今期減配予想、来期減配予想は除く」の基準は厳しすぎる。長期投資に適している大企業が軒並みふるいにかけられてしまう恐れがある。

優良な大企業ではかなり前から配当性向（１株配当÷１株利益）の数値を公約し、配当額を業績連動型にする企業が増えている。過去のような「低水準での安定配当」から「高水準での変動配当」へ移行することで、株式投資の魅力を高めようという動きだ。利益がたくさん出た場合には株主にたくさん還元するし、減益となれば株主には我慢してもらう。そこには経営者の裁量が働く余地がない。利益還元ルールの透明化だ。

そうなると経営の内容自体は長期の成長軌道から外れていなくても、一時的な販売価格の悪化や原材料市況の高騰によって業績が高水準ながら下振れすることがある。配当の金額も業績に連動して減配になる。減配でも微調整の減配と、業績の長期低迷を反映した悪性の減配がある。

「過去10期中で減配があるもの、今来期の減配予想は除く」をしゃくし定規に適用していると、有力な銘柄の候補を取りこぼすことになりかねない。

繰り返し書くが、大事なことは、高配当利回りランキングを参考にする場合、ランキングの背景にある考えを理解し、自分の投資方針と合致しているかを確認することだ。

◎投資信託が組み込んでいる「高配当銘柄」

新聞や雑誌のランキング以外に高配当利回りの銘柄を探す方法がある。投資信託のファンドマネジャーが推奨する高配当利回り銘柄だ。

しかしこれも過信は禁物だ。参考意見として聞いたうえで、自分自身が納得できる銘柄に資金を投じるべきだ。損失が出た場合の責任をとるのはファンドマネジャーではなく、自分自身だからだ。

たとえば、ニュースサイト『日刊SPA！』（2023年10月23日配信）では、同年9月に上場された投資信託に組み入れられた銘柄のいくつかを、「プロが選んだ高配当銘柄」として紹介している。それらの投資信託はアクティブ運用で高い運用成果を目指しており、運用のプロが独自の投資技術や経験を駆使して選んだ「優良」銘柄が組み込まれていると考えられる。だからこそ、この記事の執筆者の佐藤治彦氏も注目したのだと思う。配当金が高いだけでなく、企業としての健全性、成長性も考慮されているはずだ、と記事は述べている。

具体的には、以下のような銘柄が紹介されている（10月16日時点での配当利回りの高い順）。

・日本たばこ産業（証券コード2914、以下同）5・53％
・ソフトバンク（9434）5・14％
・神戸製鋼所（5406）4・92％
・JFEホールディングス（5411）4・73％
・日本製鉄（5401）4・66％
・SOMPOホールディングス（8630）4・64％
・いすゞ自動車（7202）4・42％
・商船三井（9104）4・38％
・MS&ADインシュアランスグループ（8725）4・33％
・日本郵政（6178）3・94％
・ゆうちょ銀行（7182）3・78％

いずれも立派な企業ではあるが、私の眼から見ると少しひっかかる企業もいくつかあった。業界首位あるいは業界トップ級とはいえない会社が紛れ込んでいる点だ。

たとえば、ソフトバンク。孫正義会長兼社長率いるソフトバンクグループの通信子会社で、業界序列はドコモ、KDDIに次いで第3位だ。親会社の孫正義取締役会長兼社長の先見性や個性、プロ野球球団やTVコマーシャル等を通じた知名度の高さなどから、個人投資家に人気のある銘柄だ。ファンドマネジャーが注目する気持ちも理解できるが、私の「業界トップ」の投資基準からは外れている。企業としての実態よりも人気が先行している印象がぬぐえない。

このほかにも注意しなければならない点がある。

ソフトバンクグループが海外で積極的なM&A（合併買収）を展開していることは、有名な話だ。子会社を通じて米国の携帯市場の再編を主導しているほか、サウジアラビアなどと共同で10兆円規模のファンド「ソフトバンク・ビジョン・ファンド」を設立、ユニコーン企業（評価額が10億ドル以上の未上場のスタートアップ企業）への投資を通してAI（人工知能）革命を推進している。

ソフトバンクグループはM&Aを繰り返して成長してきた会社だ。買収資金を増資ではなく借金（社債の発行）でまかなっているため、有利子負債は15兆円（執筆時点）に達するともいわれる。その一方で、同グループが買収や投資などで保有する上場株式の含み益は16兆円もあるから、いざとなれば含み益で借金を返済できる、だから借金問題は心配ない、という意見もある。

しかし、大型買収企業が当初予想したような利益を上げることができず、これからも金利が上昇し続ければ膨大な金利負担で収益が急悪化する恐れがある。

また、最大のリスクは孫会長兼社長の後継者問題だ。

これまでソフトバンクグループの高成長は孫会長兼社長自身の先見性によってもたらされてきたが、年齢もすでに66歳に達している。これから10年先を展望する長期投資においては、彼の後継者問題も大きな不安要素として考えておかなければならない。

配当利回りの差が意味するもの

製鉄業界からは日本製鉄、JFEホールディングス、神戸製鋼所の3社が選ばれている。粗鋼の生産量では国内1位、2位、3位を占め、いずれも高配当利回りなので投資対象に組み込まれたのだろう。

鉄鋼業界はこれまで再編を繰り返してきた。2000年以前には6社あった高炉メーカーが合併や再編によって2023年時点では3社にまで集約されている。鉄鋼の国内需要は人口の減少によってさらに減少する見込みであり、海外の需要も中国の成長が頭打ちとなってきた。世界的な過剰供給によって価格下落の懸念が強まっている。2023年12月に日本製鉄は米国第2位の製鉄会社USスティールの買収を決断したが、今後は海外でもM&Aが活発になる可能性が高い。その余波で国内でもあらたな再編の動きが起きることが予想される。

こうした流動的な業界の企業を3社も自分のポートフォリオに組み込むのは危険である。高配当利回りに魅かれる気持ちはわかるが、ここは日本製鉄1社で止めておくのが無難な選択だと思われる。

損保業界からは、業界2位のMS&ADインシュアランスグループ、同3位のSOMPOホールディングスが選ばれている。いずれも配当利回りは4%台だ。業界トップの東京海上ホールディングスが選考から漏れたのは、配当利回りが3%台と相対的に低かったからだと推測されるが、配当利回りの高さだけで飛びつくのはいかがなものか。

損保会社の主な収益源は自動車保険と火災・地震保険だ。国内の自動車保有台数は頭打ちになっており、大きな市場拡大は見込めそうにない。地球温暖化を起因とする自然災害が増加しており、保険金の支払いも毎年増加傾向にある。

とくに大手中古車販売のビッグモーターによる保険金の不正請求問題では、消費者よりも企業の利益を優先する業界の体質が垣間見えた。このほか企業向け保険料の料率を談合で高く決めることが常態化しているとして、金融庁は東京海上日動火災保険、三井住友海上火災保険、損保ジャパン、あいおいニッセイ同和損保の4社に対して保険業法に基づく業務改善命令を出した。独禁法違反や独禁法に関連して不適切な行為が、60弱の企業や地方自治体との契約で見つかったという。こうした業界のなれ合い体質が是正に向かえば、大手損保のあいだでも優勝劣敗が一段と明確になる可能性がある。

そうしたなかでは、配当利回りが他社との比較で多少見劣りがしたとしても、業界トップで経営体力のある東京海上ホールディングスを対象から外しているのはどうか。

このほか、自動車業界ではいすゞ自動車、海運では商船三井、銀行はゆうちょ銀行の名前が挙がっている。これらの企業はたしかに、それぞれの業界のトップ企業であるトヨタ自動車、日本郵船、三菱UFJに比べて配当利回りでは有利だ。

ただそうした配当利回りの差が、トップ企業と二番手以下の企業との経営の安定性や成長力の実質的な差を埋めておつりがくるとは思えない。

○トップ企業以外で過去に減配、無配のある企業は要注意

ダイヤモンド社が刊行している月刊投資雑誌『ダイヤモンド・ザイ』は、「2024年・新春のおすすめ高配当株」のなかで、配当利回り4％台後半のJFEホールディングスと明光ネットワークジャパンの2銘柄に注目していた。

JFEホールディングスは粗鋼生産国内2位の大企業、明光ネットワークジャパンは小中高校生向け個別指導の補習塾「明光義塾」をFC展開する学習塾の中堅企業だ。しかし、私の考える高配当利回り投資では、こうした銘柄はいかに予想配当利回りが高くても長期投資の対象にするのは控える。

『会社四季報』2024年1集新春号で調べると、JFEホールディングスの予想配当利回りは4・48％、明光ネットワークジャパンは4・80％とたしかに魅力的だ。

しかしこの2社とも『会社四季報』同号の高配当利回りランキングからは残念ながら漏れている。その理由は「過去10期で減配と無配のない銘柄に限定して」の足切り条件

に引っかかったからだ。先にこの足切り条件に必ずしもこだわる必要はないと書いたが、これら2社は1株配当や最終利益の変動幅が大きすぎる。

ＪＦＥホールディングスの1株配当の推移をみると、２０１９年3月期は95円、20年3月期20円、21年3月期10円、22年3月期１４０円、23年3月期80円、24年3月期１００円（予想）、25年3月期１１０～１２０円（予想）、とジェットコースター並みの変動を繰り返している。

明光ネットワークジャパンの1株配当は、２０１９年8月期は30円、20年8月期30円、21年8月期20円、22年8月期22円、23年8月期24円、24年8月期34記円（予想）、25年8月期24～26円（予想）と、ＪＦＥホールディングスほどではないにしても、それなりに変動している。

ＪＦＥホールディングスは20年3月期、21年3月期、明光ネットワークジャパンは20年8月期に最終益で赤字に陥りながらも配当を無配ではなく減配にとどめた点は高く評価したい。

しかしＪＦＥホールディングスは業績の変動が大きすぎる。明光ネットワークジャパンは営業利益、経常利益は安定基調を維持しているが、はっきりいって低水準での横ばいだ。株価もここ数年は６００円前後の底這い状態が続いている。

個人投資家がじっくり腰を据えて取り組む銘柄としては、両銘柄とも力不足だ。大事な老後資金を託するにふさわしい会社を、この2社に限定する必要はない。

株式投資の初心者から長期投資の対象としてどれか1社選ぶとしたらどこだろうかと相談をうけたら、私は間違いなく「成長業種のトップ企業」だと答えるだろう。**トップ企業なら、下位の企業に比べて相対的に業績が安定している。値下がりの損失を被るリスクが少ない。万一、損失が発生しても長期に保持すればかならず買値を上回って損失が解消される局面が訪れる**はずだ。

実力が拮抗している場合はともかく、そうでない場合はトップ企業をさておいてわざわざ下位企業を選ぶ必要はないのである。

◎高配当利回りでも買ってはいけない銘柄

メディアなどの高配当利回りランキングに名前を連ねていても、絶対に手を出してはいけない銘柄もある。

予想配当利回りが７〜８％の高水準であっても、過去の業績が増減益を繰り返す不安定な企業は、要注意だ。こうした会社のなかには、高株価を維持するために意図的に高めの業績や高配当の予想を発表し、期の途中で業績が悪化すれば臆面もなく業績予想を下方修正し、高い配当予想も撤回してしまう確信犯的な企業がある。こうした銘柄に引っかかると、減配と株価下落のダブルパンチを食らってしまう。

また**予想の配当利回りがいかに高くても、配当性向**（１株配当÷１株益）**が１００％、あるいはそれ以上という銘柄も危ない。**とくに注意が必要だ。

配当性向とは、会社が税引き後の純利益のなかから、どのくらいを配当の支払いに回したかを示す指標だ。配当性向が１００％とは、税引き後の純利益をすべて株主に配当金として手渡すことだ。これでは利益を内部留保として蓄えることができず、将来の成長に向けた投資が行なえなくなってしまう。配当性向が１００％以上とは、期間利益だけでは足りず内部留保を取り崩してまで配当を支払っているということだ。これは業界用語でタコ足配当（タコ配）という。企業が原資となる資金が十分ないにもかかわらず、身の丈以上の配当金を支払うことをいう。

このような事態が続くと、設備投資の資金はすべて外部資金（借金）で賄わなければならなくなる。そうなると借金の金利負担によって企業の収益力は弱まり、高配当を持続できなくなる。当然、株価も上昇しない。こうした銘柄は私たちが目指している長期投資には向かない。

外資系ファンドなど一部の大株主から高水準の配当を要求される事例が増えている。株の買い占めや敵対的ＴＯＢ（株式公開買い付け）を防ぐために、会社みずからが実力以上の高額の配当を行なっているケースがある。こうした高配当利回りもまた人為的、作為的なものであり、持続性に疑問が残る。

私の独断と偏見かもしれないが、**生活に身近な食品株にも注意が必要だ**。半導体や電子部品に比べて、業績の伸び率が低いうえに、配当利回りも低い。唯一の取り柄は生活に密着しているために倒産の可能性が低いことだが、この程度の配当利回りなら他の業界にごろごろしている。前述の「プロが選んだ高配当銘柄」でも、さすがに食品業界からは１社も選ばれていない。

配当利回りの低さを株主優待で穴埋めしているような企業がある。これなども私は推奨する気になれない。一種の目くらましだ。株主優待に回すお金があるなら、配当額に上乗せするのがセオリーと声を大にして言いたい。

少し人間臭い話になるが、**同じ人物が社長、会長として長く君臨して**（居座って？）**いる会社にも用心が必要だ**（ただし創業社長の場合は除く）。

特定の人物が長くトップ経営者として君臨できるのは、企業を長年成長させ、連続増益を維持してきたからだろう。しかし裏を返せば、そうした会社の業績は〝伸びきっている〟場合が多い。どのように優秀な人物であっても、社長・会長としての〝賞味期限〟はせいぜい4〜6年だ。後は〝付録〟に過ぎない。それでも連続増益が続いているのは、側近(取り巻き)たちがその後の出世(あるいは保身)のために乾いた雑巾をさらに絞るような努力を続けているからだ。乾いた雑巾を力任せに絞れば、雑巾はビリっと破れて使い物にならなくなってしまう。こうした会社は〝大物〟社長が引退したら、それまでの無理がたたって業績が急悪化するので、長期投資に向かないというのが私の経験則だ。

◎「業界のトップ企業」の定義とは何か?

これまで高配当利回り銘柄を選ぶ際の注意点をいろいろ紹介してきたが、個人投資家にとって最も簡単で安全な選別の基準はやはり「業界のトップ企業」であることだ。**ト**

ップ企業といっても定義は様々だが、売上や利益で業界1位というごく普通の理解で大丈夫だ。

業界のトップ企業であれば、ほとんど例外なくガバナンス（企業統治）が整備されている。ガバナンスとは、企業価値の向上に向けて、組織における不正や不祥事を未然に防ぐための体制のことだ。ガバナンスのしっかりしている企業は、倒産のリスクだけでなく、減配や無配のリスクもかなりの確率で排除できる。万一、経営不振に陥っても立ち直りが早い。**配当利回りランキングの順位が少し低くても、業界のトップ企業を選ぶことを推奨したい。**

個人投資家は、機関投資家とは異なり、自由に投資できる資金が豊富にあるわけではない。投資できる銘柄の数にも限りがある。業界のトップ企業に投資対象を狭めたとしても、買うべき銘柄に困ることはない。

またランキングの上位グループの予想配当利回りの差はゼロ・コンマ以下であり、序列が少し低い「業界のトップ企業」を選んだとしても実害はそれほどない。

個人投資家は、長期投資で10年以上もお付き合い願うのだから、できれば銀行や証券会社、メディアなど世間の監視が行き届いた「業界のトップ企業」を選ぶべきだ。トップ企業なら、政府の関心も高いはずだ。公的年金の積立金の主要な運用対象になっているからだ。こうした衆人環視の強い企業ほど経営に対して強い規律が働く。

同じ業界にあっても、序列が低くなると、世間の監視が弱くなる。業績の悪化や不祥事の兆候が出ていても見逃されてしまう場合が多い。その結果、ある日突然、株価は急落、配当も減配になっていたということになりかねない。

もちろん大企業でも、急に経営が行き詰まり無配に転落するケースがある。2011年の東日本大震災で福島第一原発事故に見舞われた東京電力や、2015年の不正会計発覚、米国原発子会社の巨額損失など相次ぐ不祥事で、上場廃止に追い込まれた東芝などだ。業界のトップ企業とはいえ、生身の人間が企業を経営している。判断ミスは避けて通ることはできない。

だが業界のトップ企業でこうした事例が発生する確率は、業界の序列の低い企業に比べると圧倒的に低いはずだ。中小企業の経営不振はメディアが大きく取り上げないので、私たちが気づかないだけだ。

投資の対象として中小企業よりも大企業を選ぶべきだと勧めると「事大主義」だとか、「チャレンジ精神に欠ける」と批判されるかもしれない。だが、私たちは命の次に大切な老後資金を企業の経営者に預けるのであるから、きれいごとなど言っておれない。

◎二番手企業は背伸びをする

投資の安全を期すなら、投資対象はまず業界のトップ企業に絞り込んで、さらに資金に余裕ができた場合は同じ業種の二番手、三番手へと買い下がるのではなく、別の業種のトップ企業を購入するべきだ。

私が株式投資を始めた頃、自動車業界トップのトヨタ自動車以外に日産自動車を買ったことがある。

当時、自動車業界はＥＶ（電気自動車）化でエレクトロニクス企業のように長期的に衰退の道をたどるという議論がメディアをにぎわせていた。トヨタや日産だけでなく、自動車部品メーカーの株価も大きく売り叩かれていた。しかしＥＶがインフラ整備を含め本格的に普及するのは早くて数十年後の話だろう。それまでは株価の下落余地は限られていると踏んだ。そこでトヨタよりも高配当利回りで、業界ナンバーツー（当時）であった日産株に手を出したのである。

ところが日産株を買った数カ月後に〝カルロス・ゴーン事件〟が突然起きてしまった。日産は無配転落、株価は長期低迷を余儀なくされた。カルロス・ゴーン事件とは、当時、日産自動車会長だったカルロス・ゴーン氏が2018年11月に金融取引法違反で逮捕され、同法違反および特別背任の疑いで起訴された事件だ。ゴーン氏は保釈中に国外へ逃亡し、現在は公判停止となっている。

私は悔しくて、トップのトヨタ自動車と日産自動車の経営比較を行なったが、ゴーン時代の日産がトップのトヨタに負けまいとしていかに背伸びをした経営を行なっていたかが実感としてわかった。こうした〝無理〟をした経営（＝決算）は、内部告発でもないかぎり、プロの公認会計士や証券アナリストでも見抜くことはむずかしい。

◎数字の差以上に序列は意味がある

ここでの教訓は、**トップ企業と二番手企業とでは、経営力、人材力、財務力、研究開発力などの点で序列以上の開きがある**ということだ。これは長く企業で働いた経験のある人なら理解していただけるだろう。

たとえば自動車業界でいえば、トップのトヨタ自動車と、2位、3位のホンダや日産とでは、売上数字の差以上に経営の実力（収益力や成長力、技術力などを合わせた経営の総合力）の差があると見たほうが良い。

トップ企業は経営に余裕があってまだまだ成長の〝伸びしろ〟が大きい。その一方で、**二番手以下の企業は上位企業との差が広がらないように無理をしているケースが多い。**トップ企業はこれからさらにグローバル競争や新技術の開発競争が激化しても、海外の優良企業と伍していけるが、二番手以下の下位企業は途中で力尽きてしまう可能性がある。

日本ではどの業界でもそうだが、企業の数が多すぎる。メガ銀行や製鉄会社はすでに数社に集約されてしまったが、今後のグローバル化、国際競争の激化とともに他の業界でも再編がさらに進むだろう。その点でも個人投資家はトップ企業に投資していれば安心だ。

また地震などの自然災害で日本経済が窮地に陥った場合、真っ先に経営不振に陥るのは下位の企業だ。トップ企業は最後まで生き残る。日本の政府は業界下位の企業の倒産には目をつぶっても、トップ企業の倒産は放置できない。日本経済への影響の大きさ、経済安全保障などの観点からも決して容認できない。必ず救いの手を差し伸べる。不公平だが、これが政治の現実だ。

このように見てくると、業界のトップ企業は二番手以下の企業に比べて、相対的に株価が安定しており、下落の余地も小さい。しかも配当利回りが高いとくれば、長期投資には不可欠の存在だ。

長期投資で老後の生活資金づくりを目指す個人投資家は、財務諸表の数字には現れない政治的、社会的な要因も注視すべきである。

○行動経済学から見た好ましい銘柄

業界のトップ企業であれば、どの業種でもオーケーというわけではない。

グロース株（成長株）投資つまり中長期的な値上がり益を狙うのに向いている業種（情報通信、精密機器など）がある反面で、バリュー株（割安株）投資つまり高い配当利回りを狙うのに向いている業種（銀行、商社、自動車など）がある。

老後の「第二の年金」づくりには割安株が向いている。毎年、年金として割高な配当を受け取れるので、途中で挫折する可能性が低い。

成長株は当たれば得られる利益が大きく、その値上がり益を毎月少しずつ切り売りして生活費に充てれば年金として使える。しかし、どのくらいの値上がり益が発生するか、発生した値上がり益から毎月どのくらい切り売りすればいいかは、まったく読めない。それでは老後資金の計画がたたない。

また成長株投資が期待外れに終わった場合、悲惨だ。10年間も保有すれば株価は買値を上回ってくるかもしれないが、それまで株価下落や低配当に後悔の日々が続く。前述のAさんのケースのように、株式投資に嫌気がさして、最後は中途半端なまま損切りしてリタイアするという最悪の状態に陥るかもしれない。

その点、**割安株はまとまった配当金が定期的にフローとして入ってくる。先が読める。不確かな値上がり益を切り売りするのに比べて、心理的抵抗も少ない。**老後の資産運用という点では割安株のほうが向いている。

こうした投資家の心理は、行動経済学によっても確認されている。

行動経済学とは経済学と心理学が融合した学問だ。その有名な理論の一つとしてプロスペクト理論というのがある。これは「人間は損失を回避する傾向がある」というものだ。たとえば、無条件で１００万円もらえるのと、50％の確率で２００万円もらえるのとでは、統計学的な期待値は同じ（資金を提供する側から見た負担金はいずれも同じ）だが、資金を受け取る人間は「もらえない」というリスクを嫌って、前者を選ぶことが多いという。

これを成長株と割安株に当てはめてみよう。

成長株は急成長して大幅な値上がり益が期待できるが、万一、目論見が外れた場合、株価は低迷したままで、配当も低利回りのまま留まる可能性が高い。ハイリスク・ハイリターンだ。一方の割安株は、成長株ほど急速な成長は期待できないかもしれないが、着実な株価の値上がりと高水準の配当利回りが安定的に得られる。ミドルリスク・ミドルリターンだ。行動経済学に従えば、人々は「もらえない」リスクを嫌って、成長株より割安株を選ぶケースが多い、ということになる。

このように**割安株投資は、人間の行動心理にも合致しており、それだけ幸福度も高まる**というわけだ。

○配当利回りが高い業種、低い業種

『会社四季報』2024年1集新春号から、代表的な業種のトップ企業の配当利回りを拾ってみた。最近は一つの企業でも多角化で事業領域が多岐にわたるため、業種の分類も過去の経験則が当てはまらないケースがある。この分類からは、抜け落ちている業界トップ企業があることも忘れてはならない。

こうした前提を踏まえたうえで、予想配当利回りが高い業界トップ企業を見てみよう。

・食品（たばこ）＝JT（証券コード2914、以下同）↓4・95％
・医薬品＝武田薬品工業（4502）↓4・47％
・製鉄＝日本製鉄（5401）↓4・30％
・サービス＝日本郵政（6178）↓3・82％
・非鉄＝三菱マテリアル（5711）↓3・76％

逆に、配当利回りが低い業界トップ企業は、以下のとおりだ。

・サービス＝オリエンタルランド（4661）↓0・22％
・電気機器＝ソニーグループ（6758）↓0・62％
・精密機械＝オリンパス（7733）↓0・80％
・食品＝味の素（2802）↓1・33％
・電気機器（半導体製造装置）＝東京エレクトロン（8035）↓1・42％
・電気機器（重電）＝日立製作所（6501）↓1・54％

特徴をいえば、食品・飲料や公益事業、電気機器、精密機械の業種では、予想配当利回りが総じて低い。

とくにイノベーションが著しいエレクトロニクス産業の大企業は、稼いだ利益を配当金で株主に還元するよりも、内部留保して設備投資へ回したほうが、株主の長期的な利益になると考えている。とくに半導体関連企業では、積極果敢な設備投資を行なって日進月歩の技術革新を先取りしたほうが中長期の利益予想が高まり、株価も持続的に上昇していく。

株主もそれを期待しているから、配当が少なくても文句を言わない。つまり会社も投資家も、株主還元策としては配当よりも株価の値上がりを優先している。

一方、配当利回りが高いのは製鉄、医薬品、銀行、商社など日本を代表する伝統的な産業だ。

これらの業界では、技術革新はエレクトロニクス産業ほど活発でないので、多くの資金を設備投資へ回す必要がない。稼いだ利益はできるだけ多く配当金に振り分けたほうが株主に喜んでもらえると考えている。これが割安株だ。

老後に向けた「第二の年金」づくりにどちらが向いているかといえば、私は後者だと思う。老後の生活に必要なのはキャッシュ（現金）フローである。割安株は高配当という形で安定かつ確実なキャッシュフローが見込める。

成長株ではきわめて心もとない。値上がり益は運任せの部分が大きく、競馬や競艇のようなギャンブルに似ている。そうした投機で老後の生活資金を増やそうとするのはきわめて危なっかしい。

長期投資のインセンティブ

なぜ割安株の高配当利回りにこだわるのか。

シニア世代が株式投資をする目的は、繰り返しになるが、配当収入で「生活費－年金収入」の不足額を埋めることである。そのためには長期で投資を継続する必要があり、長期投資にはインセンティブが欠かせない。

これらの目的を同時に実現してくれるのが、高配当利回りの割安株投資だ。

成長株の代表であるエレクトロニクスや半導体、電子部品の配当利回りは0～1％と低い。銀行預金の金利に毛が生えた程度だ。株価が大きく値上がりしないかぎり、配当金のみで生活資金の不足を補うのはむずかしい。

また株価の低迷が予想以上に長引いた場合、隣の芝生にある他の銘柄がまぶしく見えて、乗り換えたいという誘惑が必ず働く。我慢することができなくなる。

こうした本能のままに売買を繰り返していけば、証券会社や政府に支払う売買手数料や税金は増えるが、個人の老後の生活費には何の足しにもならない。元手の資金は目減りする一方だ。長期投資という「時間」の恩恵を受けることができなくなってしまう。

そうした悪循環の防波堤になってくれるのが、高率の配当利回りだ。

投資の主目的は高利回り配当を獲得して第二の年金をつくることにある。値上がり益が目的ではない。「おまけ」みたいなものだ。この長期投資の原則を踏み外さないかぎり、株価が低迷したとしても別の銘柄に乗り換えようという浮気心は起きない。高配当利回りは、投資家と銘柄を固く結びつけてくれる鎹(かすがい)のようなものだ。

長期に投資を続けたいと思う人は、高配当利回りにこだわるべきだ。

数年前こんなにあった高配当利回り株

数年前、「投資の神様」のウォーレン・バフェットが、日本の商社株を大量に購入して大きな話題になった。

商社株はバフェットが注目する数年前から、エネルギーや穀物の相場反騰で収益が軒並み急拡大し、株価もそれにつれて急騰していた。株価が上昇しても配当金額が同じなら、配当利回りは当然低下する。会社側は収益拡大の成果を連続増配で積極的に株主還元した結果、配当利回りは現在でも比較的高い水準を維持している。

『会社四季報』2024年1集新春号とバフェットが注目する以前の5年前の『会社四季報』2018年4集秋号で予想配当利回りを見比べてみると、それがよくわかる。

・三菱商事（証券コード8058、以下同）＝3・65％（2018年4集秋号）↓2・99％（2024年1集新春号）
・三井物産（8031）＝3・83％（同）↓3・15％（同）
・伊藤忠商事（8001）＝3・81％（同）↓2・70％（同）
・住友商事（8053）＝4・10％（同）↓3・97％（同）
・丸紅（8002）＝3・71％（同）↓3・56％（同）

当時はエネルギーや穀物の市況が低迷していたとはいえ、このような高配当利回りが放置されていたことに改めて驚かされる。

エネルギーや穀物の市況は世界的な景気循環や地政学的な出来事によって大きく左右

される。総合商社の業績もそれに連動する。**業績が上下する一方で配当金額は〝下方硬直的〟だ。企業経営者は一時的な業績悪化であれば、配当は横ばい、最悪でも小幅な減配に止めようとする。**そうなると、配当利回りが再び上昇してくる可能性がある。

エネルギーや穀物の市況が再び下降局面に入ってくれば、商社株に再び買い場が到来すると見るべきだろう。長期投資で効率よく〝第二の年金〟をつくるのであれば、こうした配当利回りが高い割安株に注目したい。

なお、最近はグローバル化や技術革新によって、企業の多角化が進んでいる。従来の業種の枠組みでとらえきれない企業が増えてきている。たとえば、富士フイルムホールディングスは、カメラの主力が銀塩フィルムカメラからデジタルカメラに移行して以降、事業の主軸がアナログカメラ、銀塩フィルムからデジタルカメラ、医療機器、医薬、液晶フィルム、半導体材料へと大きくシフトした。かつての銀塩フィルムのトップメーカーとはまったく異なるイメージに変わってしまった。

こうした業態転換企業は、新しい業界の定義や枠組みによって、トップ企業になっているか、あるいはその可能性があるかを改めて判断する必要がある。

しかし株式投資の初心者はここまで細かく企業の調査をする必要はない。

平均的な個人投資家が生涯で投資するのはせいぜい十数銘柄だ。わざわざ新しく誕生した業種のトップ企業へ投資する必要はない。既存の業種でも有望銘柄がたくさんある。初心者の投資家がまず狙うべきは割安株のトップ企業である。

超金融緩和の是正が追い風の銀行株

話を戻すと、これから老後の「第二の年金」をつくろうとする場合、トップ企業ならどのような業種でもいいというわけではない。個別の銘柄選びと同じように、テーマ性や成長性の豊富な業種を選ぶことが重要だ。

個別企業の分析は検討すべき要素が多岐にわたるが、業界の分析となるとその要素がかなり減る。普通に新聞やネットの記事を読んでいれば、常識で判断できる部分もある。個別銘柄の調査研究に比べ難易度はかなり下がる。これなら個人投資家でもできそうだ。しかも業界トップ企業なら、業界全体の動きと企業業績がほぼ連動するからなお都合が良い。

私が退職後、長期の株式投資で老後の「第二の年金」づくりを思い立ったとき、最初に注目したのが銀行株と商社株だった。それは結果的に大成功だった。

銀行、とくに大手銀行には高配当利回りの銘柄が多く、超金融緩和の正常化という大テーマがあった。

当時の銀行株の予想配当利回り（『会社四季報』２０１８年４集秋号）は、三菱ＵＦＪフィナンシャル・グループで２・９８％、三井住友フィナンシャルグループ３・８９％、みずほフィナンシャルグループ３・８４％と、約３％～３％台後半だった。当時の銀行の普通預金の利回りが０・００１％だったことからすれば、３０００倍も有利だった。

さらに私が購入して以降、配当金はほぼ毎年増えていった。

たとえば三菱ＵＦＪでは２０１８年３月期の配当は19円だったが、２０２３年３月期には32円、さらに今２０２４年３月期は41円（『会社四季報』２０２４年１集新春号）と予想されている。三井住友フィナンシャルでも２０１８年３月期の配当は１７０円だったのが２０２３年３月期２４０円、今２０２４年３月期は２７０円（同）の予想だ。

この5年間で配当金額は、三菱ＵＦＪで１・7倍、三井住友フィナンシャル１・４倍と大幅に拡大し、今２０２４年３月期もさらに積み増しされる見通しだ。

株価もこの5年間に三菱ＵＦＪは80％、三井住友フィナンシャルでは64％も上昇した。

前述のたとえでいえば、「お給料」（配当金）のベースアップがあったうえに「賞与」（値上がり益）もたくさん支給してもらったことになる。

こうしたダブル・メリットの背景には業績の急回復（およびその予想）がある。

過去10年間にわたるアベノミクスの**超低金利政策によって、銀行の収益力は大きく蝕まれてきた。その間、銀行の経営者は、収益力を維持するため、ビジネスモデルの転換や過剰な店舗網の削減、効率化、余剰人員の整理などの構造改革に取り組んできた。**

そうした努力は最後には報われる。

構造改革によって経営の筋肉質化が進み、超金融緩和の推進役だった黒田東彦日銀総裁の交代が確実となり、**超金融緩和の出口が模索されるようになっただけで、業績や株価、配当は大化けしてしまった。**

たとえば三菱ＵＦＪの2019年3月期の業務純益は1兆785億円だったのが、2023年3月期には1兆5577億円へ、さらに今2024年3月期は少し鈍化するが1兆3500億円と高水準が予想（『会社四季報』2024年1集新春号）されている。三井住友フィナンシャルも2019年3月期の業務純益は1兆1193億円だったが、2023年3月期には1兆2764億円へ、さらに今2024年3月期は1兆4000億円（同）と続伸することが見込まれている。

自画自賛になるかもしれないが、私が銀行株を購入したのはいまから振り返ると絶妙のタイミングだった。もちろん銀行株はいまでも保有している。老後の「第二の年金」を生み出す〝ニワトリ〟となって働き続けてくれている。

商社株＝資源株は業界の常識

大手商社への投資も、ラッキーとしか言いようがなかった。

大手商社の5年前の予想配当利回り（『会社四季報』2018年4集秋号）は、三菱商事で3・65％、三井物産3・83％、伊藤忠商事3・81％と、いずれも3％台の後半だった。

商社株も銀行株と同様に連続して増配が行なわれた。

たとえば三菱商事では2018年3月期の配当は110円だったのが、2023年3月期には180円へ、さらに今2024年3月期は210円（『会社四季報』2024年1集新春号）が予想されている。三井物産は2018年3月期の配当が70円だったのが2023年3月期には140円へ増額、今2024年3月期は170円（同）と再増額となる見通しだ。伊藤忠商事でも2018年3月期の配当が70円だったのが2023年3月期には140円へ拡大し、今2024年3月期は160〜170円（同）への上乗せが予想されている。

この5年間で配当金額は三菱商事で1・6倍、三井物産2・0倍、伊藤忠商事2・0倍となり、今2024年3月期もさらに上積みされる。

株価もこの5年間に、三菱商事は110％、三井物産175％、伊藤忠商事153％も上昇している。

もし5年前（18年度中）に三菱商事に34万円投資して100株（当時の株価は1株約3400円）購入したと仮定すると、5年後にはどのくらいの金額になっていただろうか（ここでは税金は無視する）。

19／3月期の配当金　100株×125円＝1・25万円
20／3月期の配当金　100株×132円＝1・32万円
21／3月期の配当金　100株×134円＝1・34万円
22／3月期の配当金　100株×150円＝1・50万円
23／3月期の配当金　100株×180円＝1・80万円

だから、

1・25万円＋1・32万円＋1・34万円＋1・50万円＋1・80万円＝7・21万円

となる。5年間の配当の総額は7・21万円、株価は34万円×2・1倍＝71・4万円となり、両方を合わせると合計で78・61万円（値上がり益含む）になっている。

最初に投資した34万円の元手が5年間で78万円強、つまり2・3倍に膨れ上がった。配当金を三菱商事株へ再投資していれば、複利計算で資産価値はさらに膨らんだはずだ。

こうした未曽有のパフォーマンスは、どこから生まれたのか。

私が注目したときはたまたま原油などのエネルギーや穀物の相場が低迷して、総合商社の収益は軒並み落ち込んでいた。株価も低水準で推移していた。これは裏を返せば、世界的に景気が回復してエネルギーや穀物の価格が息を吹き返せば、業績の急回復によって増配や株価の値上がり益の恩恵を得ることができる。

実際、その後の推移をたどると、世界的な好景気やウクライナ戦争で鉱物資源や穀物の価格は上昇局面に入り、総合商社の業績は急拡大し、株価もあれよ、あれよという間に上昇した。

ただ私は購入後、2年目でかなり利が乗ってきたことや、他の業種で魅力的な高配当利回り銘柄が見つかったために、その大半を利食いしてしまった。しかし乗り換えた銘柄のパフォーマンスは期待ほどではなく、いまでも商社株を手放したことを深く後悔している。

銀行株はこれからでも間にあう

これまで見てきたように、長期投資で良いパフォーマンスを得るコツは単純明解だ。**足元の収益環境は悪くても数年後には着実な業績の改善が見込める高配当利回りの割安株を探せということだ。**

この点でいえば、銀行株はこれからもまだまだ狙える。

先に紹介した業績の急拡大を見ると「足元の業績は悪いが」の条件に反するが、これには注釈が必要だ。業績の急回復は5年前と比較した数字である。もっと**長いレンジで**

見ると、超低金利の修正は始まったばかりだ。現局面はまだ収益回復の初期の段階だと見るのが妥当である。

ロイター通信が伝えたところによると、世界大手格付け機関が２０２３年10月に発表した調査リポートでは、日本の政策（＝短期）金利が２０２３年３月末比で24年に０・１％程度と緩やかに上昇しただけでも、三菱ＵＦＪフィナンシャル・グループ、三井住友フィナンシャルグループ、みずほフィナンシャルグループの３メガ銀行グループの業務純益には約３％程度のプラス効果があるという。

同機関では、日本の政策金利は２０２３年３月末比で24年には０・１％程度、25年までに同０・２％程度の緩やかな上昇を予想している。この程度の政策金利の上昇では、日本の経済成長率に急ブレーキがかかることはなく、一般事業会社でも借入金の利払い費の増加で経常利益が大きく悪化することはない。銀行の融資に悪影響が出ることはないとみているのだ。

プラス材料は短期金利の上昇だけではない。長期金利の上昇も銀行の収益にはプラスに働く。話が少しむずかしくなるが、日本銀行は２０２３年７月末の金融政策決定会合で、これまで実施してきた長期金利の変動を抑制する長短金利操作（イールドカーブ・コントロール、ＹＣＣ）の修正を決定した、専門家のあいだではこれは実質的な長期金利の引き上げだと見られている。実際、この決定をきっかけに、長期金利はそれまでの0・45%前後から一時は0・90%を超える水準にまで上昇した。長期的に日銀の国債購入の量が減ればさらに国債の市況は下落↓長期金利が上昇する。

長期金利が上昇すれば、銀行の収益には完全な追い風だ。長期金利が上がれば、投資している債券の利息収入が増加する。事業会社などへの長期固定金利の貸し出しがロールオーバー（乗り換え）されるたびに利益が積み上がる。また住宅ローンの固定型金利の引き上げもすでに始まっている。これも銀行にとっては増益の要因だ。

金利が上昇すれば保有している債券に含み損が生じるが、満期まで保有すれば簿価で償還（買い戻し）されるので、中長期的な影響は軽微だ。

最近はウクライナ戦争に中東緊迫化などで世の中全般がキナ臭くなっている。台湾や朝鮮半島を巡り米中、米ソの対立がさらにエスカレートすれば、世界経済、日本経済が大混乱に陥り、経済が恐慌的な状態に陥るとの懸念もある。

しかし大手銀行に限っていえば心配無用だ。万一、台湾や朝鮮半島で有事が発生した場合、業績はかなり下がるかもしれないが、倒産まで追い込まれる可能性は低い。余裕資金で投資しているのであれば、株価が急落してもあわてずじっと保持し続ければよい。株券が紙くずになってしまうことはない。

1930年代には日本経済が「昭和恐慌」といわれる大不況に見舞われた。銀行の倒産が続出した。しかし三菱銀行など当時の大手財閥系の銀行には逆に大量の預金が集まったと伝えられている。国債を売却した富裕層や中小銀行の倒産を恐れた預金者が、「安全な退避先」として財閥系銀行へ殺到したからだ。こうした投資家や預金者の心理は今も昔も変わることはない。

◯商社株は一時的に下げたところが狙い目

商社株も長期投資としてまだまだ仕込みの対象になる銘柄だ。

大手商社は積極的な投融資を通じて資源開発だけでなく、AI（人工知能）などの未来産業の創造やベンチャー企業の育成にも力を入れている。日本のお家芸である「モノづくり」にも、原材料の提供や製品の販売で深く貢献している。万一、日本の製造業が衰退したとしても、世界的なネットワークを生かし、時代の最先端を切り開く価値創造企業として生き残る可能性が高い。

現在、商社株の予想配当利回りは「相場の神様」であるバフェットが「買い入れ宣言」をして以降、株価が急騰した結果、丸紅と住友商事を除いて配当利回りは2％台へ低下し、残念ながら普通の銘柄とほとんど変わらなくなってしまった。

商社の事業領域は開放型だ。製造業などの業種のように特定の限られた領域で多くの企業がしのぎを削っているわけではない。商社という業界は、売上や利益という尺度で業界の序列を決めることができない。大手総合商社5社はそれぞれ個性のある業界のトップ企業といっていい。

その意味では、住友商事、丸紅は予想配当利回りが依然、高い水準で「放置？」されているのは、狙い目だといえる。

◎買い場は必ず到来する

経済環境が変われば、三菱商事、三井物産、伊藤忠商事のビッグスリーにも買い場は到来する。**長期投資では、株式ディーラーのように短期のパフォーマンスを狙っている**

のではないから、買いを焦ることはない。予想配当利回りが3〜4%まで上昇してくるのをじっくり待つのだ。待っているあいだは別の高配当利回りの銘柄を物色しておけばよい。

商社株に買い場が到来するといったのには、それなりの根拠がある。

たとえば、ロシアが極東のサハリン沖で進める石油・天然ガス開発事業だ。そこには、日本政府や三菱商事、三井物産、伊藤忠商事、丸紅など大手商社が多額の資金を投じている。最初は出資に及び腰だった商社を、当時の安倍晋三政権が半ば強制的に出資させたというのが正しい表現だが、企業としては巨額の資金を投じてしまったことに間違いはない。

ウクライナ戦争の悪化で西側の対ロシア制裁がさらに強まり、それに反発するプーチン大統領が接収・国有化などの強硬措置をとれば、出資企業は投資価値の下落を減損処理（損失計上）しなければならなくなる。

60歳以上の世代なら、三井物産が1990年のイラン・ジャパン石油化学（IJPC）の巨額清算で倒産の瀬戸際に追い込まれたことを覚えている方も多いだろう。三井物産を中心とする三井グループがイランで進めた巨大石油開発事業が、イラン革命やイラン・イラク戦争で予期せぬ困難に遭遇し、事業の完成をみることなく、最終的に事業撤退に追い込まれた事件だ。

今回のサハリン資源開発事業と中東緊迫化は、そうしたカントリーリスクを想起させる。ただ、サハリン開発事業で巨額の損失処理を迫られたとしても、出資の経緯からして、最終的には政府の貿易保険によってカバーされ、危機的な状況に陥ることはないだろう。

しかし相場ではそうはいかない。ウクライナ戦争の悪化などでサハリン事業の損失の予兆が出てきただけで、目ざとい投機家は目先の利益を得ようとしてカラ売りを仕掛けようとするはずだ。

こうした**地政学的な不安以外にも、国際情勢が落ち着いて、エネルギーや穀物などの相場が沈静化すれば、商社の業績は高水準ながらも、これまでの増益トレンドから踊り場へとステージが替わるかもしれない。**

あるいは、バフェットのような海外投資家が大量に仕込んだ商社株の利益確定に転じてくれば、株価は軟調な地合いになる。

いずれにせよ、これまでのような商社株の一方的な上げ基調が未来永劫続くわけではない。必ず一服感がでてくる局面がある。そこが狙い目だ。

○有力業種をどう見つけるか

問題は、銀行株や商社株に次ぐ有力業種をどう見つけるかだ。

半導体関連銘柄は、長期投資の有力な候補になるかもしれない。

先に述べたように、半導体銘柄は成長株に仕分けされ、予想配当利回りは1～2％（『会社四季報』2024年1集新春号）が多い。こういう銘柄だからこそ**株価の急激な値下がりで配当利回りが3～4％台に乗せてきたときは「即買い」**だ。

成長株が値下がりしているときは、なかなか底値が見えず、手を出しづらい。買いを入れるタイミングがむずかしい。そのときは最新の予想配当利回りが買い出動の判断の尺度になる。

成長株にもかかわらず、優良な割安株に匹敵する高配当利回りと成長株の値上がり益を一石二鳥で獲得できる絶好のチャンスなのである。

半導体市場は、シリコンサイクルと呼ばれるように、好況と不況が3～4年程度の周期で繰り返す特徴がある。半導体はパソコンやスマートフォンなどのエレクトロニクス製品に多く搭載されているため、その買い替え需要などで市況が大きく左右される。

半導体の市場規模は2021年までの10年間で2倍（約80兆円）に拡大したとされるが、それでも定期的に好不況の波が訪れるのは、半導体の製造サイクルの長さに原因があるとされている。需要拡大で供給の拡大に乗り出したとして、工場の建設に1年、工場の稼働後も材料を調達してから製品の完成までには数カ月の月日を要する。せっかく半導体製品の増産が始まっても、そのときには需要が一巡していて、供給過多になっていることが多い。需要の変動ほどに供給を機動的に増やすことができないのだ。

そのシリコンサイクルでいえば、2023年末の現在は不況の真っ只中にある。

ただ、半導体の国際業界団体によれば、世界の半導体生産の下降局面が終わりに近づいてきており、2024年には回復に向かうとの予測をしている。その一方で、米国や中国では大規模な半導体の建設による生産能力の拡大が進行中で、24年には供給過剰に陥り、再び減産を迫られるという見方もある。

こんな相場格言がある。

「強気相場は、悲観のなかに生まれ、懐疑のなかに育ち、楽観のなかで成熟し、幸福感の中で消えていく」

この格言でいえば、半導体相場は現在「懐疑のなかに育ちつつある」のかもしれない。悲観材料が優勢になり、株価が一時的に値下がりしたときこそ、半導体関連銘柄は買い場到来なのである。

○薬品株も長期投資の有力候補

製薬会社の収益源は2つある。

医薬品の特許取得によるライセンス料と、医薬品の製造販売で得られる利益だ。武田薬品工業、アステラス製薬、塩野義製薬など開発力に定評のある大手は、ライセンス料の比率が高い。武田はがん、中枢神経、消化器、希少疾患、アステラスは前立腺がん、遺伝子・細胞治療技術、塩野義は感染症、疼痛・中枢神経領域といった具合に、それぞれが「一国一城」のトップ企業である。

さらに、医薬品や医療サービスへの需要は、人の健康や生命に係わることだから、景気が悪くなっても簡単に減ることがない。製薬業界は他の業種に比べて、不況時でも業績が悪化しにくく、株価の下落も小幅に留まる傾向がある。ディフェンシブ株といわれる所以だ。

こうした守りだけでなく、攻めの材料も豊富だ。**遺伝子疾患、がん、アルツハイマー病などの分野では画期的な治療法の開発が進んでいる。さらにロボット手術や電子カルテなどＩＴを活用した医療技術・サービスの登場、高齢化による医療需要の増加といった多くの要因が株価の上昇を長期的に後押しする。**

『会社四季報』２０２４年１集新春号によると、予想配当利回りは高い。武田は４・４７％、アステラス３・８４％となっている。

このほか、建設や不動産も長い目で見ると狙い目だ。

地政学的な海外動向の影響が少なく増配や自社株買いにも前向きな点が、長期投資に向いている。

予想配当利回りは、大林組３・２７％、鹿島２・９８％、清水建設２・７４％、大成建設２・４４％、三菱地所２・０３％、三井不動産は２・０３％とあまり高くないが、もし一時的な材料が出て株価が急落し、予想配当利回りが３～４％に乗せてきたときがあれば、買いのチャンスだ。

○配当利回りの低下は別の銘柄へ乗り換えるサイン

長期的な高配当利回り銘柄投資では、株価が順調に上昇すれば値上がり益も手にすることができる。高配当利回り銘柄投資では「配当は給料、値上がり益はボーナス」だと述べたが、ボーナスをゲットする（実現する）タイミングはいつなのだろうか。

私は次のように考えている。

たとえば配当利回り４％の銘柄を１株１０００円で買い付けたとしよう。年間の配当額は１株当たり40円（以下、税引き前）だ。その４年後に株価が２０００円まで値上がりし、配当額が40円のままで変わらなければ、配当利回りは２％へ下落してしまう。そこで40円の配当の権利を得た後で、配当利回りが２％よりも高い別の銘柄に乗り換えるのだ。

この場合、１株につき「配当金額（40円×４年）＋値上がり益（１０００円）＝総利益（１１６０円）」の総利益が得られる。４年間で１０００円の元本が２１６０円に増加したことになる。単純に計算すれば、１０００円投資して４年のあいだに毎年２９０円（１１６０

円÷4年）の利益を上げたのだから、年当たり29％の利回りだ。現在の銀行の定期預金の利回りと比較すると、天文学的に有利な運用だ。

ここで重要なポイントは、最初は高配当利回り銘柄投資だったとしても、**株価の値上がりが増配のペースよりも早ければ配当利回りが次第に落ちてくることだ。乗り換えの目安として持ち株の配当利回りの下限をあらかじめ決めておくことである。**ここでは便宜的に2％とした。

持ち株の配当利回りが2％を切ってきた段階で、値上がり益（含み益）を実現益に置き換えるのである。

そして最初に投資した元本（1000円）と4年間で得た利益（1160円）を、別の高配当利回り銘柄に再投資すれば（もし見つかればの話だが）、年間の配当は40円から86円（元本2160×配当利回り0・04）となる。最初の投資元本1000円からすれば、年間の配当利回りは8・6％に跳ね上がる。

株式の購入では最低単位がある。都合よく2160円で新しい株式が区切り良く購入できるとはかぎらない。株式の売買では取引手数料がかかるし、税金も政府に納めなければならない。その場合、乗り換え後の年間配当利回りは8・6％を下回るが、少なくとも考え方としては間違っていない。

高配当利回りで業界トップ企業といえども株価が一本調子で値上がりするわけではない。上昇や下降の波動を繰り返すのが一般的だ。とはいえ、普通の経済環境であれば業界のトップ企業の株価が長期間低迷を続けることはありえない。

もちろん、**不況が長期間続けば株価は大幅に値下がりし、評価損**（含み損）**が発生するリスクはある。**しかし株式購入の原資が生活資金でなければ、すぐに現金化する必要はない。**売却しなければ「含み損」が「現実損」になることはない。株を保有しているあいだも配当で年間利回り4％に匹敵する現金が入ってくるのだから、老後資金の補完が着々とできていることを素直に喜ぶべきである。**

「含み損」が発生したら放っておくことだ。忘れればよい。

万一、最後まで（＝私たちが死ぬまで）株価が買値まで戻らなくても、その株式をそのまま配偶者や子供、孫に譲れば良いだけの話だ。子供にとって親から譲り受けた株式の〝価値〟は、親から相続したときの時価である。含み損が発生しているという悔しい思いはないはずだ。子供や孫から感謝されることはあっても恨まれることはない。

忘れないで欲しいのは、**含み損が発生しているあいだも高率の配当利回りによって〝自分年金〟は受け取っており、資産は増え続けている、ということだ。一時的な焦りで、お宝の銘柄を損切りすることは止めて欲しい。**

図表５−１◎「高配当利回り投資　勝利の銘柄選びと利食い方法　七か条」

一　配当利回り３〜４％以上で、業界のトップ企業に絞る
二　配当金が「メイン」、値上がり益は「オマケ」
三　超金融緩和修正が追い風のメガバンク株
四　バフェットも注目した商社株
五　配当利回りが３〜４％台に乗せてきたときは「即買い」の半導体株
六　超高齢社会の寵児、薬品株
七　利食いのタイミングは予想配当利回りが２％を切ったとき

図表5－1では、ここまでに述べてきた私の考えを「高配当利回り投資　勝利の銘柄選びと利食い方法　七か条」として一覧表にまとめてみた。ぜひとも参考にしていただきたい。

持ち株に異変が迫ったときの見抜き方

ここまで、高配当利回り銘柄投資をお勧めする理由を強く書き綴ってきたが、もちろん、投資である以上、リスクがある。

ここで私が考える高配当利回り銘柄投資のリスクについて説明しよう。

それは先にも少し触れたが、組み入れた銘柄の減配や無配の可能性が生じたときである。減配によってせっかくの高配当利回りが普通以下の利回りになってしまえば、老後の生活資金の補充がうまく進まなくなってしまう。

トヨタや三菱ＵＦＪ、三菱商事のような業界のトップ企業であれば、一時的な要因によって業績が悪化しても配当を据え置く場合が多い。しかし、構造的な収益悪化と判断すれば、減配や無配を決断する。

そうした**減配リスクを回避するためには、構造的な収益悪化を早期に察知して、別の銘柄へ乗り換えることが必要だ。**

では、個人投資家は構造的悪化の兆候をどうしたらつかむことができるだろうか。

その手がかりはある。業界のトップ企業には「炭鉱のカナリア」がたくさんいて、会社に危険が迫ると盛んに鳴き声を立ててくれることは、すでに触れた。

その最たるものが『会社四季報』だ。『会社四季報』の記者は企業の業績に異変が生じたときにカナリア顔負けに大きく〝騒ぎ立て〟てくれる。

その業績予想や解説記事から、警戒信号をいくつか紹介しよう。

・連続増配の予想が突然取りやめになったとき
・「減額」「大幅減額」の表記が数号連続して登場するとき
・「今期は増益予想でも来期は減益予想」が続いたとき

とくに重要なのは、「減額」の二文字だ。

『会社四季報』の「減額」とは、記者が前号の業績予想数字を最新号で引き下げた場合に使われる言葉だ。新聞やテレビが選挙の開票が完全に終わらないうちに「当確」を打つのと同じように、『会社四季報』の記者は、独自の取材と判断に基づいて会社の正式発表の前に「減額」の文字を打つ。

その結果、**連続して「減額」が登場するようになると、要注意だ。業績が下降トレンドに入ったことを示唆する。その結果、実際の「減配」も視野に入ってくる。**

このときは「減額」の要因が一時的か、それとも構造的かを、私たちは自分の頭で冷静に判断する必要がある。

金利上昇や原材料市況の下落による「減額」は、10年単位の長期投資においては一時的な要因ととらえるべきだ。これらは数年のサイクルで変動するものだからだ。10年間でならせば影響は平準化される。ところが技術開発上の競争力の低下となると事態は深刻だ。

構造的な競争力の低下に企業経営者がうまく対応できているかは、外部からなかなか窺い知れない。

そこで私が注目するのは、経営トップの在任期間の長さだ。**在任期間が長ければ長いほど、表向きの業績数字と収益実態が乖離することがある。これは収益構造が劣化していることの反映だ。**

「権力は腐敗する」という言葉がある。企業経営も同じだ。創業者でもないのに特定の人物が長くトップの座に君臨し続けている企業がある。社長の周囲はイエスマンで固められ、心ある社員のヤル気はそがれ、企業に活力がなくなる。技術のイノベーションも停滞する。

とくに〝大物〟といわれた社長や会長が退任した後は、急に業績がガタガタになり、連続増益や連続増配がストップする恐れがある。技術開発などの先行投資を怠ったツケが噴出してくるからだ。

業界のトップ企業で配当利回りが３〜４％と高い企業でも、社長や会長の在任期間が業界平均を大幅に超えていれば、私は投資を見合わせることにしている。

◎長期金利が5％台に乗せたら半分は国債へ乗り換え

最後に、こうした高配当利回り狙いの長期投資戦略を大幅に修正しなければならないのは、どういうときか、私なりの考えを述べておこう。

2023年末の日経新聞の記事に、バフェットの投資会社であるバークシャー・ハサウェイ社が7〜9月にかけて株式7800億円を売却し、手元資金が過去最高水準に達したと記されていた。その理由については、バフェットが将来の暴落に備えているのではないかとの観測も出ているようだが、実際は米国の金利が5%に上昇してきたので、米国債投資が相対的に有利になり積極的に買い込んでいるということらしい。

こうしたバフェットの投資行動は、私たちにも参考になる。

本書の投資法でメインターゲットとなる業界トップの高配当利回りは現在3〜4%前後で推移している。もし日本の長期金利（国債の金利）が4%を超える水準になれば、バフェットのように持ち株の半分は換金して国債や優良企業の社債に乗り換えることをお勧めしたい。減配や価格変動などのリスクを考えると、株式投資よりも債券投資のほうが相対的に有利になるからだ。

そうすると、半分は従来どおりの株式による高配当利回り＋長期的な値上がり益、残りの半分は国債や社債によるさらに高い配当利回り＋元本の安全確保（満期まで保有した場合）という分散投資のメリットが享受できる。

ただし日本の長期金利4%が視界に入ってくるのはかなり先の話だと思う。かつて、長期金利が4%前後で推移していたのは、1980年代後半のバブルの余熱が残る19

93〜95年である。いまから30年ほど前だ。デフレ脱却の出口がようやく見えてきた現在とでは、かなり状況が異なる。

しばらくは株式による高配当利回り狙いの長期投資を続けていくのが得策といえそうだ。

第5章のまとめ

・高い配当利回りで〝第二の年金〟をつくるのに適した銘柄は、『会社四季報』や『週刊東洋経済』で定期的に特集される予想配当利回りランキングを参考にしよう。

・ランキングは千差万別だ。ランキングの上位に出てくる表面的な予想配当利回りを鵜呑みにしてはいけない。その数字の背景にある考えをしっかり理解したうえで、投資銘柄を決めなければならない。

・相場のプロが作成した高配当利回りランキングの上位に名前を連ねていても、絶対に手を出してはいけない銘柄もある。個人投資家には業界のトップ企業が相応しい。

・銀行、商社、医薬品は長期投資としてまだまだ仕込みの対象になる。

・最初は高配当利回り銘柄だったとしても、株価の値上がりが増配のペースよりも早ければ配当利回りが次第に下落してくる。乗り換えの目安として持ち株の配当利回りの下限をあらかじめ決めておくことが重要だ。

・持ち株に異変が迫ったときの見抜き方。『会社四季報』の業績欄に「減額」「大幅減額」の文字が頻繁に登場するようになったときは要警戒だ。

第 6 章

投資雑誌や証券会社との賢い付き合い方

INVESTING FOR
“HIGH DIVIDEND YIELD”
WILL LAST A LONG TIME

◎個人投資家にはROE、ROA、DOEは無用？

本書では配当利回りによるシンプルな投資法を説いてきたが、『会社四季報』や経済新聞、投資雑誌では、このほかに銘柄選びの尺度としてROE（自己資本利益率）、ROA（総資産利益率）、DOE（株主資本配当率）など専門的な用語が数多く紹介されている。

しかし公的年金を補完する「第二の年金」づくりを目指す**個人投資家は、こうした専門用語を知っていて損はないが、あまり実益はない。**

ROEとは、企業が株主の拠出した資金（自己資本）を用いてどれだけの利益をあげたかを測る財務指標だ。ROAとは、企業が抱える工場や資金、知的財産などの総資産（総資本）が、利益獲得のためにどれほど効率的に利用されているかを表す財務指標だ。

いずれも企業経営の効率を示す指標で、異業種の企業であっても同じ土俵で比較することができる。たとえば2023年3月期のトヨタ自動車のROEは9・0％に対して三菱UFJは6・5％である。経営の効率性の面では製造業のトヨタが銀行業の雄である三菱ＵＦＪをはるかに上回っている。トヨタは利益の量（絶対量）だけでなく、質（効率性）の面でも、他の大企業を圧倒している。

ＤＯＥは株主資本（資本＋利益剰余金）に対する配当の割合を示しており、高ければ株主還元に積極的だと評価できる。これまで配当政策といえば純利益に対する配当の割合を示す配当性向が主に指標とされてきたが、年度によって純利益が変動すれば配当金も変動するため、利益剰余金（過去の利益の合計）を加えることでより安定した株主還元の指標として、ＤＯＥを採用する企業が増えている。

つまり純利益が一時的に落ち込んだとしても、ＤＯＥ維持のためにこれまでどおり配当金額を維持し（配当性向が上昇）、自己株取得を続ける可能性があることだ。

株式市場でＲＯＥやＲＯＡ、ＤＯＥがなぜ注目されるのか。それらの数値が高くなるほど、将来の収益の拡大や株価の値上がりにつながると考えられるからだ。

悩ましいのは、ＲＯＥやＲＯＡがいかに高くてもストレートに増配や配当利回りの上昇に結びつくとは限らないことだ。

増配や配当利回りの上昇に直結しそうなＤＯＥについても同様だ。『会社四季報』２０２４年１集新春号の巻頭には、ＤＯＥランキングと配当利回りランキングが掲載されているが、上位銘柄はほとんど重なっていない。ＤＯＥが高ければ配当利回りも自然と高くなるということにはならない。DOEは、公的年金を補完する「第二の年金」の銘柄探しにはあまり役に立たないということだ。

◎シニア投資家には成長株よりも割安株が向いている

企業にとって利益の使い道は3つある。

1つ目は将来の利益成長やさらなる経営効率の改善のために設備投資やM&A（合併買収）に投じること。2つ目は株主に配当金や自社株買い、株主優待などで還元すること。3つ目はその2つのミックスだ。

ちなみに、自社株買いがなぜ株主還元になるかといえば、企業が自社株を買い入れれば市場に流通している実質的な発行株式数が減少し、1株利益（＝純利益÷発行株式数）が増え、それに応じて株価が上昇するからだ。

ITなどの伸び盛りの成長企業やベンチャー企業は、株主還元よりも内部留保を優先するため、起業してからしばらく無配を続けるケースが多い。内部留保を設備投資に向けるためだ。米国の物流・卸売・小売・クラウドコンピューティングサービスの大手企業アマゾンは1997年5月にナスダック市場に株式を公開したが、2023年の現在でも配当を行なっていない。彼らは配当よりも企業成長（＝株価の値上がり）のほうが株主への利益還元になっていると考えている。

こうした**ＩＴ企業は株価の値上がりを期待している投資家には超優良銘柄だが、私のような株式配当を老後の資金の足しにしたいと考えるシニア投資家には魅力に欠ける。**

成長株投資といってもいつも右肩上がりで株価が上昇しているわけではない。老後の生活資金が一時的に不足して持ち株を換金したいと思ったときに、経済環境が悪く株価が買値を下回っていれば目も当てられない。

株式投資で老後の生活資金を補完したいと考える個人投資家には、成長株よりも、コンスタントに高利回りの配当金が入ってきて、それなりに値上がりも期待できる割安株のほうが向いている。

生命保険や信託銀行など機関投資家のファンドマネジャーがＲＯＥやＲＯＡを重視するのには、理由がある。

彼らは運用資金が巨額で投資する銘柄も数百におよぶ。各業界のトップ企業だけでは足りず、投資対象のすそ野を広げるためにそうした指標を活用している。

先に、ケインズが「株式投資は美人投票と同じだ」と述べたことを紹介した。ファンドマネジャーなど運用のプロは、他人が何を美人と考えているかを推測する判断材料としてROEやROAを利用している。多くの市場参加者が特定の株式を美人だと思えば、株価が上がるからだ。その美人を探す手がかりとしてこれらの指標は有効だ。

一方、普通の個人投資家は投資対象が多くても10銘柄程度に限られる。老後の生活資金をねん出したい個人投資家にとって採用すべき選別基準はただ一つ。業界トップ企業であるか否かで十分だ。

業界のトップ企業であれば、ROEやROAはいずれも合格ラインをクリアしている。

◎疑問が生じたら広報・IR部署に直接電話してみよう

こうした観点からすると、「第二の年金」づくりを目指す個人投資家が『会社四季報』でまず読むべきは特色欄と業績欄だ。

特色欄では業界のトップ企業であることを確かめる。

業績欄では今期の予想配当利回りが最低でも3％（できれば4％）以上であること、今期、来期の予想1株配当が前の期比で横ばい、あるいは増加予想であることを確認する。

さらに売上や営業利益、経常利益などの業績数字を眺め、その後で業績記事、材料記事を読んで、基本的に増収増益であることを確認する。今期、来期の業績予想がさらに上昇トレンドにあれば、その銘柄はすぐに買い物カゴに入れてよい。

それだけでは物足りずもっと銘柄について研究したければ、会社のホームページ（HP）に掲載されている四半期ごとの決算短信、証券アナリスト向けの説明会資料、社長や経営幹部による決算説明の動画や速記録などをみれば、さらに知識が深まるはずだ。

それでも経営全般や業績見通しへの疑問や不安が解消されなければ、会社の投資家向け広報（IR）部署に直接電話をかけてみたらよい。その会社の株主であることや、将来の投資を考えていることを説明すれば、どのような疑問であってもきちんと丁寧に答えてくれるはずだ。

あるいはすでに投資している会社の場合でも、ニュースなどを読んで新たな疑問が生じた場合、同じような手順で調べてみることだ。株主は企業の所有者なのだから、まっとうな会社はたとえ持ち株数が少なくても邪険に扱うことはない。自分は零細投資家だと自らを卑下して、臆する必要はない。

経営方針や業績見通し、株主還元について不満や意見があれば、IR（インベスター・リレーションシップ）担当者に堂々と自分の意見をぶつけてみよう。そこで納得のいく答えが返ってこなければ、会社がIRに熱心でない証拠だ。株主軽視の会社だと思って、傷が深まらないうち（株価が大きく値下がりしないうち）にさっさと売り払ってしまおう。

高配当利回りの会社はほかにいくらでもある。

◎初心者は対面証券がお勧め

株式の売買を始めるには、証券会社に取引口座を開設し、資金を振り込まなければならない。証券会社には従来型の対面証券とネット証券の2つがあるが、高配当利回り銘柄で「第2の年金」づくりをするにはどちらが有利で、便利だろうか。

私の体験からすると、**ITがあまり得意でなく、年1～2回程度の取引（売買）しか考えていないシニア世代の初心者は対面証券を利用するのが良いと思う。**

その理由は何か。まず、本書で推奨する投資法は高利回りの配当金を長期に獲得するのが目的だから、株式の売買を頻繁に繰り返すわけではない。取引手数料の安さ（ネット証券だと無料のところもある）は、あまり意味をなさない。

それよりも手数料が安すぎることは、かえって弊害が多い。

取引手数料が安いということは、保有株が値上がりすると、すぐにでも売って値上がり益を確定したいという気持ちにさせる誘因となる。あえて誤解を恐れずにいえば、手数料が安いことは頻繁に売買を繰り返す「バクチ」取引への導火線となる恐れがある。それは本書で提唱している長期の高配当利回り投資に反する。

さらに**ネット証券では、投資家は孤独になりがちだ。個人投資家は、専門家と相談し、議論を重ねながら、投資の経験を積んでいくのが良いと思っている。**その点で、対面証券の営業担当者は格好の相談相手となる。売った、買っただけの話でなく、税金や確定申告、新NISA、相続問題など投資に絡む初歩的な質問でも丁寧に答えてくれる。

また対面証券では折に触れてIPO（新規公開株）投資の有益な情報を得ることができる。IPO投資とは、企業が新規に株式を上場公開する前に、投資家が証券会社の抽選に申し込むことで株を公開価格で買う権利を手に入れて、上場当日やその数日後に付いた値段で売却して利益を出す投資手法だ。新規公開株は公開価格を大きく上回る初値（上場日に初めてつく株価）がついたり、上場後に人気化して大きく値上がりすることが多く（例外があるので要注意!)、IPO抽選に当たるだけで簡単に利益を出せる投資法だ。営業担当者と懇意にしていると、このIPO抽選会の開催情報を教えてもらえることがある。ただしこうした短期売買は本書が推奨する長期投資の趣旨から外れている、参考情報として聞きとどめるだけにして欲しい。

◯対面証券のメリット、デメリット

ほかにも対面証券のメリットは多い。

対面証券とは、お店の窓口カウンターでの対面を通じて業務全般を行なう証券会社のことだ。「窓口を通じて」といっても、実際にお客が窓口に出向くのは口座開設のときぐらいで、その後は電話で売買の注文を受け付けてもらえる。対面証券会社でもネット証券と同様のオンライン証券サービスを行なっている。併用すればネット証券と同じ利便性や快適性を得ることができる。

対面証券会社で投資を行なうメリットは、営業の担当者から直に様々な投資の情報や売買に関するサポートを受けることができる点だ。実際に何を買っていいかわからない場合、あるいは複数の銘柄からどれに絞り込んだらよいか迷っている場合、自分の手持ち資金の大きさやリスク許容度、今後の相場見通しなどに応じて最適の選択を提案してもらえる。

新聞などのニュースでは、いまでも強引な営業マンは後を絶たないようだが、運悪くそうした人に当たったら、その人の上司や顧客相談窓口、広報部などに直接苦情を述べればよい。まともな証券会社ならきちんと対応してくれるはずだ。

パソコンの取引操作に自信がない方にも、対面証券会社はお勧めだ。

対面証券会社でもオンライン証券サービスを利用すればパソコン画面上から注文を出せることはすでに触れたが、長期投資の場合は頻繁に取引を行なうわけではないので操作の手順をついつい忘れてしまう。そのときでも担当者へ電話一本入れれば、すぐに助言してもらえる。誤った操作で間違った売買の注文を出してしまう「誤発注」の心配も少ない。

電話で売買の発注をする場合でも、営業担当者がこちらの注文を必ず繰り返してくれるので二重のチェックを行なうことができる。そのやり取りは録音されている。言った、言っていないといった類のトラブルも回避できる。

一方、対面証券のデメリットとは何か。

最大のデメリットは、ネット証券と比べた場合の手数料の高さだ。

対面証券は、担当者を通して顧客に様々な提案などしながらサービスを行なっているので、人件費や店舗の維持にコストがかかる。そのためすべて機械任せのネット証券に比べ手数料が高くなるのは仕方がない。

注文の内容や金額にもよるが、1回あたり1000~数万円の手数料がかかる。そのため、顧客にとっては投資で利益を出すうえで手数料が負担となる。

もう一つのデメリットとして、注文の執行まで時間がかかることだ。

株価は刻一刻と変化しており、1秒のあいだにものすごい数の注文が執行されている。店頭の株価ボードやパソコン画面で株価を確認したとしても、いざ発注を行なうときにはもう株価が大きく変動していることがある。意図した価格で売ることができずに売りそびれたり、意図しない高い価格で買い付けてしまったというケースも聞く。

しかし心配は無用だ。

長期の投資家は年間の配当利回りの高さや、長期的な値上がり益を目標にしている。電話の注文でも1~2分で取引が終了するので、注文した価格水準と実際に購入できた価格の差が大きくかい離していたということはあまりない。1秒単位で「損した、儲けた」といった話は、別の世界の出来事だ。

ネット証券のメリット、デメリット

ネット証券には多くのメリットがある。そのなかでも最大のものは手数料の安さだ。ネット証券は、実店舗がなく店頭スタッフもいないため、対面証券に比べ運営コストがそれほどかからない。そのため手数料が非常に安く設定され、1回の注文当たり数十円程度の手数料から取引が可能である。なかには、手数料が無料の証券会社もある。

ネット証券では各種情報へのアクセスが速いのも〝売り〟だ。

パソコンの画面をクリックするだけで、株価や市況のニュースなどがリアルタイムで映し出される。注文の執行でも、パソコンの画面上でリアルタイムに確認できる。安さと速さ、これがネット証券の強みである。

しかし、対面証券でもこうしたネット取引の併用が可能だから、ネット証券のメリットも得られる。対面取引のきめ細かな助言やサービスとネット証券のスピード取引の両方のメリットを享受することができる。手数料はたしかにネット証券に比べて割高だが、年にせいぜい数回しか取引しないのだから無視できる。そして取引手数料が割高な部分は、営業担当者からの質の高い投資助言による高い投資パフォーマンスで取り戻せばよいだけの話だ。

対面証券の営業担当者は、こちらが頻繁に売買する気がないとはっきり伝えてもしつこく電話をかけてくることがあるが、ネット証券ではそうした煩わしさをシャットアウトすることができる。

ただし長期投資を推奨する立場から言えば、ネット証券の手数料の安さが魅力的に感じているとすれば、それは投資家から投機家へと変身しつつある前兆だ。警戒信号だと受けとめるべきだ。

営業担当者との賢い付き合い方

対面証券の営業担当者との付き合い方は、工夫が必要だ。

彼らの営業電話は良く言えばとても熱心、悪く言えばしつこい。

しかしなにごとも、相手の立場になって考えてみることが大切だ。どの業界でもそうだが、営業担当の仕事は、顧客とコミュニケーションを図ることでニーズや悩みを聞き出し、問題を解決し、少しでも多く自社の商品やサービスを買ってもらうことだ。

証券業界だけが例外ではない。

売り込みの電話だけでなく「最近はどういう銘柄に関心をお持ちですか?」という状況確認や、「株以外で何か興味のある金融商品はありますか?」などのヒアリングを行なうことが役目なのだ。

そうした会話で得た情報を元に、関連情報の提供やニーズに合致する商品を提案する。そして商品を買ってもらうことができれば自身の成績につながる。本当にお客のことを考え、少しでも役に立ちたいという気持ちで電話をよこしてくる営業担当者が大半だ。

営業の電話を「不快だ」と感じるのは、お互いの意思疎通がうまくできていないからだ。営業担当者が「この銘柄は上がりそうですから新規に買いませんか」「お手持ちのあの銘柄は2割利益が出ていますからそろそろ売りませんか」などの電話をひんぱんにかけてくることがある。こちらにそうしたニーズがあると思っているからだ。株の売り買いを頻繁に行なって値上がり益を稼ごうとしているお客だと思われているからだ。過去にそうした売買履歴のあるお客の場合は、とくにそうだ。

そうした**〝熱心な〟営業担当者には、自分はそういう短期売買志向の客ではないとはっきり伝えることが必要だ。**

たとえば、自分は配当金で「第二の年金」をつくるのが大方針だから、短期の値ザヤ取りには興味がない、購入する銘柄は高配当利回りの銘柄に限ること、いったん購入したら基本はバイ・アンド・ホールド（長期保有）、1～2割利が乗ったとしてもすぐに利食うことはしない、銘柄の購入はせいぜい年間1～2銘柄程度だ、と最初に明言しておくのだ。

それでも自分の投資方針と反する電話がかかってくるとすれば、それはこちらの説明がまだ足りないか、こちらの対応に「短期売買の可能性がある」相手だと思わせる何かがあるからだ。

たとえば、ひょっとしたら営業担当者の話のなかに「うまい儲け話」があるかもしれないと思って、肯定も否定もせずに漫然と話を聞いている、などだ。そのときは、担当者の話を聞き終えた後で、自分は「そんな短期売買に関心がない」ときっぱりと言っておくことが大事だ。そうしたやり取りが2、3回続けば、過度な短期売買を推奨する電話はかかってこなくなる。

○一方的な営業電話は一方的な質問攻めで撃退せよ

対面証券会社の営業担当者に不満を募らせるのは、個人投資家にも責任の一端がある。それは、情報の一方的な受け手であるからだ。

営業担当者を投資のコンサルタントや秘書の代役としてもっと積極的に活用すれば良い。そのために、わざわざ割高の株式売買手数料を支払っているのだ。

私の場合は、相場の最新情報や銘柄情報について担当者から情報を得るとともに、こちらからも金融政策や国際情勢が個別の銘柄に与える影響などについて積極的に質問をするようにしている。「○○銘柄について自分は××と考えるが、君はどう思うか」とか、「株価上昇で配当利回りがかなり落ちてきたので、他の高配当銘柄に乗り換えたい。ついては最新の高配当利回りの銘柄を推薦してくれないか」とか、だ。

こうしたやり取りから、個人投資家の相場観が鍛えられていく。

このほか、**確定申告の税金の処理や相続の問題を投げかけてもいいだろう。**営業担当者本人が知らなくても、大手の証券会社なら彼らの背後には優秀な専門スタッフや弁護士が何人もそろっている。かならず有益な答えを返してくれるはずだ。

大事なのは、営業担当者を株式投資の伴走者と位置づけることだ。営業担当者の営業電話がうざいと感じるのなら、彼らが電話したくなくなるまで、質問攻め、要望攻めにすればいい。

第6章のまとめ

・IT企業は株価の値上がりを期待している投資家には超優良銘柄だが、株式配当を老後の資金の足しにしたいと考えるシニア投資家には魅力に欠ける。

・証券会社には従来型の対面証券とネット証券の2つがあるが、高配当利回り銘柄で「第二の年金」をつくるには対面証券を勧めたい。株式の売買を頻繁に繰り返すわけではなく、取引手数料の安さはあまり意味を持たない。

・対面証券では、営業の担当者から直に様々な投資の情報や売買に関するサポートを受けることができる。実際に何を買っていいかわからない場合、複数の銘柄からどれに絞り込んだらよいか迷っている場合、リスク許容度や今後の相場見通しなどに応じて最適の選択を提案してもらえる。

・対面証券の営業担当者に不満を募らせるのは、個人投資家にも原因の一端がある。それは、情報の一方的な受け手であるからだ。営業担当者を株式投資の伴走者と位置づけることが重要だ。営業担当者の営業電話がうざいと感じるのなら、彼らが電話したくなくなるまで、質問攻め、要望攻めにすればいい。

川島睦保（かわしま　むつほ）
1955年生まれ。1979年横浜国立大学経済学部卒業、東洋経済新報社入社。1991年から92年までフルブライト・プログラムでハーバード大学経済学部客員研究員。2000年『オール投資』編集長、2002年『週刊東洋経済』編集長、2009年東洋経済新報社取締役出版局長を経て、2017年に退社し、フリージャーナリスト、翻訳家となった。訳書にニコラス・レマン著『マイケル・ジェンセンとアメリカ中産階級の解体:エージェンシー理論の光と影』(日経BP 2021年)、ダレル・リグビー、サラ・エルク、スティーブ・ベレズ著『AX戦略:次世代型現場力の創造』(東洋経済新報社 2021年)などがある。

シニアが無理《むり》なく儲《もう》ける株投資《かぶとうし》の本《ほん》

2024年３月20日　初版発行

著　者　川島睦保
発行者　杉本淳一

発行所　株式会社日本実業出版社　東京都新宿区市谷本村町３−29 〒162-0845
編集部　☎03-3268-5651
営業部　☎03-3268-5161　振　替　00170−1−25349
https://www.njg.co.jp/

印刷／厚徳社　　製本／共栄社

ISBN 978-4-534-06089-1　Printed in JAPAN